Table

Chapitre 1

Chapitre 2

Introduction

Entre 2008 et 2013, les forces spéciales françaises et la DGSE ont capturé ou tué près d'une centaine de djihadistes dans certains pays du Sahel (Mauritanie, Mali, Niger) sans qu'aucune opération militaire ait été légalement déclenchée. Sans oublier les raids menés en Libye en 2011 dans la plus grande discrétion, ou celui de la DGSE en Somalie en janvier 2013, en pleine «zone grise».

Depuis son élection en mai 2012, François Hollande entend incarner une politique plus martiale que ses prédécesseurs, quitte à en payer le prix et à sortir du strict cadre de la légalité. Ainsi, il a décidé de répliquer de manière systématique aux prises d'otages et aux attentats qui touchent des Français dans le monde. Il a ordonné l'exécution à l'étranger d'une quarantaine d'individus considérés comme dangereux pour la France, hors cadre légal de la guerre. Des exécutions extrajudiciaires, validées par le président de la République.

François Hollande contient les noms des personnes dont l'élimination a été secrètement approuvée. Il peut s'agir d'assassinats ciblés confiés à des soldats, des agents des services secrets français ou de pays amis. Dans le langage codé des professionnels du renseignement, on appelle cela les «opérations Homo», pour homicide. Il avait déjà abordé le sujet face aux journalistes Gérard Davet et Fabrice Lhomme, dans leur ouvrage «*Un président ne devrait pas dire ça*», confiant avoir approuvé au moins quatre assassinats ciblés de terroristes à l'étranger.

Le ciblage est affiné à partir de renseignements électroniques, des interrogatoires de prisonniers et des études d'imagerie, qui permettent ensuite l'identification formelle de la cible et son suivi jusqu'au moment le plus favorable au déclenchement de l'opération.

Naturellement, sur instruction de l'Elysée, les états-majors mènent généralement ces opérations spéciales dans la plus grande discrétion. Elles sont classées «confidentiel Défense» et ne donnent lieu qu'exceptionnellement à des communiqués militaires. Le président de la République, le ministre de la défense et le chef d'état-major des armées souhaitent cependant montrer régulièrement que la France réplique désormais à toute attaque contre ses intérêts et traque sans relâche les commanditaires, afin de les éliminer.

Au risque de se heurter aux magistrats chargés d'enquêter sur les actes terroristes et désireux de pouvoir renvoyer un jour leurs auteurs devant les tribunaux, comme c'est le cas notamment dans les affaires des otages d'Arlit, de la mort de Philippe Verdon ou de celle des deux journalistes de RFI.

Car les juges, ainsi que les parties civiles, n'apprécient guère les exécutions extrajudiciaires décidées en haut lieu, qui s'apparentent, selon certains d'entre eux, à la réinstauration d'une peine de mort sans autre forme de procès. Aux yeux de l'Elysée et des états-majors, à l'inverse, la guerre contre des ennemis lointains et fanatiques justifie la primauté des opérations militaires sur le recours incertain à la justice hexagonale.

De son côté, le général Pierre de Villiers, chef d'état-major des armées, interrogé, sur Europe 1, en octobre 2014, évoque huit responsables identifiés et déjà efficacement traqués : «*Nous avons neutralisé sept d'entre eux. Il n'en reste plus qu'un et nous l'aurons.*» Il s'agit évidemment de Mokhtar Belmokhtar, à qui sont imputées d'autres attaques – les attentats-suicides à Arlit et Agadez au Niger, en mai 2013, et celui commis contre une unité de l'armée française près de Gao, au Mali, le 14 juillet 2014, ayant tué un légionnaire et blessé six soldats.

Depuis des mois, plusieurs proches du «Borgne» (Belmokthar) ont effectivement été éliminés sur ordre de l'Elysée : Abou Moghren Al-Tounsi, à la fin de septembre 2013 ; Fayçal Boussemane et le Mauritanien Al-Hassan Ould Al-Khalil, alias Jouleibib, gendre et porte-parole de Belmokhtar, en novembre 2013 ; Omar Ould Hamaha, dit Barbe rouge, bras droit de Belmokhtar, en mars 2014 ; Abou Bakr Al-Nasr, dit l'Egyptien, spécialiste des armes, très actif du côté de Benghazi en Libye, tué en avril 2014. Un autre lieutenant du Borgne, Ahmed Al-Tilemsi, trouvera la mort en décembre 2014 ; il était suspecté d'être l'un des principaux responsables de l'enlèvement de Vincent Delory et Antoine de Léocour à Niamey, en janvier 2011.

Les déclarations du général de Villiers provoquent de vives réactions au Palais de justice de Paris:« *Nous avons appris, un peu furieux, par les médias, que des individus susceptibles d'être impliqués dans des affaires de terrorisme avaient été capturés et neutralisés par l'armée française*, déplorera Juliette Le Borgne, *ancienne procureur au parquet antiterroriste. Notre objectif judiciaire, c'est de conserver ces personnes en vie pour les traduire en justice. Or ce n'est pas l'objectif de l'armée française. Nous voulons juste savoir la vérité, pour les familles.* »

L'ambiguïté de ces opérations réside dans le fait qu'elles se situent dans une "zone grise", c'est-à-dire en dehors du cadre légal des conflits armés, et sont menées par la DGSE et les services spéciaux. Le flou juridique qui les entoure est assez important. En effet, dans le cadre d'un conflit militaire reconnu et déclaré comme tel, passé par l'aval parlementaire, ce genre d'opération spéciale est assimilé à un acte de guerre.

Chapitre 1

Op Homo

Une opération *Homo* est une opération d'élimination de personnes, menée par le Service Action du DGSE. Un groupe commando dédié aurait été créé au sein du SA (*en 1986*) pour effectuer ces opérations de neutralisation, baptisé cellule Alpha...

135 personnes éliminées en 1960

Le Service Action du SDECE (*avant DGSE*) «*a tué, sur ordre, plusieurs centaines de personnes en France, en Europe et en Afrique du Nord pendant la guerre d'Algérie entre 1958 et 1961*», a révélé Constantin

Melnik, qui supervisait, à l'époque, l'action des services secrets et de renseignements du premier ministre Michel Debré.

Dans l'avant-propos de son ouvrage «*la Mort était leur mission*», roman de fiction (*éditions Plon*), Constantin Melnik écrit qu'au «*cours de la seule année 1960, 135 personnes ont été envoyées ad patres au cours d'«opérations homo» (pour homicides) du service action du SDECE. Six bateaux ont été coulés et deux avions détruits*».

Durant trois ans et trois mois, de janvier 1959 à avril 1962, Constantin Melnik, alors âgé d'une trentaine d'années, a été l'observateur privilégié de cette période depuis son bureau de Matignon, dont dépendait alors le SDECE (*Service de documentation extérieure et de contre-espionnage*).

Précisant qu'il «assume» l'avant-propos et la postface de son livre - où certains noms de personnalités ou d'exécutants ont été changés - il raconte la guerre menée par le service action contre les trafiquants d'armes destinées au FLN en Suisse et en Allemagne et la traque meurtrière contre les dirigeants des mouvements nationalistes algériens en France ou en Afrique du Nord.

Fin 1985, les chefs du SA optent pour une nouvelle approche dans la foulée de l'affaire du *Rainbow Warrior*.. Désormais, les opérations Homo relèveront exclusivement d'un groupe spécialement créé au sein du SA : la cellule Alpha. Celle-ci sera organisée de manière encore plus clandestine que le SA. Les ordres viendront toujours «d'en haut», sans intermédiaire. Par conséquent, les opérations Homo sont rebaptisées par certains initiés, en langage codé, opérations Alpha.

Dans le livre de Vincent Nouzille "Les tueurs de la Republique" on peut lire: "*La cellule va fonctionner sans anicroche durant plus d'une quinzaine d'années, de 1987 à 2002. Elle commence à être opérationnelle après la série d'attentats terroristes qui frappent la France en 1986-1987, justifiant, aux yeux de ses promoteurs, la traque de certains «terroristes» en Europe, au Moyen-Orient ou en Afrique.*

Des « terroristes » moyen-orientaux ont été visés à la fin des années 1980. Des cibles serbes ont été atteintes en ex-Yougoslavie. Des réseaux «djihadistes» – notamment des Algériens du GIA (Groupe islamique armé), puis du GSPC (Groupe salafiste pour la prédication et le combat) – se sont retrouvés dans le viseur de la cellule Alpha durant la guerre civile des années 1990 en Algérie, au moment de la Coupe du monde de football organisée en France en 1998, puis lors du passage à l'an 2000, quand des risques d'attentat ont été détectés.

Le leader libyen Mouammar Kadhafi aurait reçu, durant la guerre du Golfe, des émissaires suggérant que sa famille et lui-même auraient de graves problèmes s'il s'avisait de soutenir Saddam Hussein ou de commanditer des attentats en France. Après la guerre en ex-Yougoslavie, des criminels de guerre serbes ont été discrètement avertis qu'ils vivraient dangereusement s'ils ne se rendaient pas, tôt ou tard, à la justice.

Dans ses Mémoires, Pierre Martinet, un ancien agent du SA qui a travaillé sur des dossiers d'objectifs pour eux sans en savoir plus, reconnaît que cette cellule – qu'il a rebaptisée Draco dans son livre – « *restait un mystère pour tout le monde*»: «*On croisait les Draco de temps à autre au mess quand nous allions manger. Ils ne se distinguaient pas des autres agents, sauf qu'ils ne se mélangeaient pas et personne n'allait chez eux*».

Le préfet Claude Silberzahn explique que le service exécutait «très peu », seulement dans des cas de légitime défense, et confirme le processus de décision alors en vigueur: «*Jamais aucune des actions du service ne doit pouvoir être imputée au président de la République. Il ne saurait donc être question de demander des instructions à la présidence ou une couverture politique.*»

Ainsi, Silberzahn n'attendait pas d'approbation formelle, estimant que l'initiative d'une opération Homo relevait de sa responsabilité : «*Si l'action, à supposer qu'elle vienne à être connue, peut entraîner de graves suites diplomatiques, il est bien évident que le directeur a besoin de l'aval politique. [...] Mais s'il a la conviction d'avoir 98 % de chances de réussir sans que sa main apparaisse, ou que, si elle apparaît, cela n'aura ni influence ni répercussions notables sur la diplomatie française ou la vie politique intérieure du pays, alors c'est son travail et il doit l'accomplir dans la solitude.*»

Service Action

Le Service Action est une unité militaire secrète française placée sous le commandement opérationnel de la Direction des opérations (DO), au sein de la DGSE, l'équivalent français de la CIA. Le SA est chargé de la planification et de la mise en œuvre des opérations clandestines armées. En clair, contrairement aux opérations spéciales menées par des unités plus classiques, le SA conduit des actions qui ne sont pas revendiquées, ni revendicables par le gouvernement français.

Opérations «homo» (homicides) ou «arma» (sabotage, destruction de matériel), section Alpha (unité chargée des assassinats ciblés), HC («honorable correspondant»), «boîte aux lettres morte», « officier traitant», «légendes», «couvertures» et «identités fictives» sont les mots de code de ce monde à part et inaccessible.

La totalité des informations concernant cette unité sont classées secret-défense et, sauf exception, ni la présidence de la République ni le ministère de la Défense ne commentent ses opérations. Les agents du SA sont protégés par l'État.

L'agent du SA travaille souvent seul et s'expose lourdement car le meilleur moyen de ne pas être vu consiste souvent à se montrer et dès lors à s'exposer. Les soldats du SA sont donc prêts à mourir pour la patrie dans l'anonymat le plus complet.

Reconnaissance clandestine, franchissement de lignes, pénétration de dispositifs, sabotage, destruction de matériel, libération d'otages, exfiltration des agents, contre-terrorisme, neutralisation d'individus identifiés comme des «cibles internationales», guidage d'avions, protection de sites ou de personnalités, identification des risques, conseil opérationnel à des dictatures, soutien à des rébellions, assassinat de terroristes et appui à des régimes amis politiquementfont parti des actions les plus courantes.

Corbin de Mangoux, directeur de la DGSE à l'époque, maintient une ligne de défense pleine de vertu: «*La DGSE dispose d'une capacité d'action clandestine et d'entrave. Cette dernière vise à empêcher la survenance d'un événement non désiré par tout moyen, y compris militaire. Le service est soucieux du respect de la légalité, et je m'attriste des allégations de la presse lorsqu'elle nous qualifie de "barbouzes". Nous sommes des agents de l'État agissant sous les ordres de l'autorité politique pour la défense des intérêts de la République*».

Jean-Marc Gadoullet dans son livre "Agent Secret" ecrit: " *Les combattants du SA agissent dans la clandestinité non pas par plaisir mais pour retrouver et neutraliser ceux qui travaillent laborieusement, en sous-main, dans le plus grand secret, en usant de la plus intelligente des mauvaises fois pour détruire les cadres qui régissent nos démocraties, nos républiques, nos cultures... Pour combattre un terroriste, il faut être soi-même un terroriste, mais un terroriste au service de la Nation. Alors, oui, on peut être profondément respectueux de la légalité et devoir en sortir pour trouver ses ennemis et ainsi mieux défendre le droit.* "

En Barcelone

Le pouvoir politique en France ne l'assume pas. C'est un sujet tabou. Est-ce que le service action de la DGSE peut aller jusqu'au permis de tuer? La question transcende les clivages politiques. Ce que les politiques n'osent pas dire, c'est qu'on peut tuer des gens. Cela veut dire qu'effectivement le chef de l'Etat a un droit de vie ou de mort.

Il y a une règle: les opérations «Homo» ne s'appliquent qu'aux non-ressortissants. On estime qu'un ressortissant est soumis aux règles de droit et qu'on dispose à son égard de tous les moyens légaux de coercition.

Dans le livre de Vincent Nouzille "*Les tueurs de la Republique*" on peut lire:

"*C'est en voulant entrer par une voie interdite sur l'autoroute en direction de Barcelone, près de la ville de Manresa, qu'une Audi 80 de couleur gris métallisé est arrêtée à minuit et demi, le 18 avril 2002, par une patrouille des Mossos d'Esquadra, la police catalane. Pour les quatre agents des forces de l'ordre, il s'agit d'un simple contrôle de routine.*

«Bonsoir, pouvez-vous nous montrer vos papiers ? » lancent-ils au conducteur du véhicule, immatriculé en France. Cheveux bruns coupés courts, silhouette trapue, celui-ci tend son passeport français, délivré en mars 2000 à Paris au nom de Richard Perez, né à Marseille le 10 octobre 1963. Rien de suspect en apparence. Mais, en ouvrant le coffre de l'Audi, les policiers font une découverte surprenante.

Dans un long tube en PVC de vingt centimètres de diamètre, ils trouvent un pistolet Ruger de calibre 22 mm équipé d'un silencieux et d'une visée laser, un fusil de 7,62 doté d'un silencieux, une mire télescopique, un tripode, ainsi que divers autres objets tels qu'un GPS, une boussole, un émetteur-récepteur, un téléphone portable Nokia, un appareil photo... Un arsenal digne d'un terroriste. Ou d'un trafiquant d'armes. Ou encore d'un tueur à gages. Le conducteur est aussitôt interpellé et conduit au poste de police de Manresa.

L'homme surpris par les Mossos d'Esquadra est, en réalité, un agent Alpha de la DGSE, un membre de la cellule ultra-clandestine du SA composée de tueurs spécialement entraînés pour les opérations Homo. En mission secrète en Espagne, il devait passer totalement inaperçu. Son arrestation va rapidement donner lieu à un véritable casse-tête entre la DGSE, le ministère de la Défense et l'Élysée, avant de nourrir un feuilleton franco-espagnol rocambolesque.

Dubitatifs, les policiers catalans sont également surpris de constater que, durant l'interrogatoire, l'agent Alpha reçoit sur son portable des appels insistants en provenance de différentes cabines téléphoniques du centre de Barcelone. C'est Antoine, son correspondant inquiet, qui attend de ses nouvelles.

Dans l'après-midi du 18 avril 2002, une patrouille est dépêchée à Barcelone, sur la grande artère des Ramblas, où les cabines ont été localisées. Après quelques heures de surveillance, un homme qui correspond au profil recherché est interpellé. Antoine s'appelle officiellement Richard Piazzole, résidant à Paris. Il s'agit, là encore, d'une fausse identité. Dans la voiture de ce second suspect, les enquêteurs découvrent un talkie-walkie, des cartes téléphoniques, un GPS, des guides de voyage et un roman policier.

L'homme, qui est en réalité un officier traitant de la cellule Alpha, se révèle peu bavard. Sa fausse identité tient la route. Il se présente comme un enseignant en informatique ayant fait son service militaire dans un régiment d'infanterie. Ses explications sur les raisons de sa présence en Catalogne, sur les armes saisies dans la voiture et sur ses relations avec ce dernier demeurent vagues.

Durant quelques heures, en avril 2002, le général Philippe Rondot a bien cru avoir perdu toute trace de deux agents de la DGSE en Espagne. C'était très ennuyeux parce qu'ils étaient partis pour un «exercice Alpha», et dans les notes de Rondot, le code «Alpha» désignait les équipes préparées aux opérations «Homo», c'est-à-dire aux assassinats ciblés. Les agents «disparus» étaient en réalité sous les verrous.

L'agent qui devait être testé est présenté par la presse espagnole sous le nom de Rachid Chaouati et par la presse française sous l'alias de Richard Pérez. L'homme aurait déjà effectué plusieurs missions en Europe pour son officier traitant, connu sous le pseudonyme de Christian Piazzole. Chaouati aurait notamment été chargé de prendre des photographies dans le restaurant d'un grand hôtel d'Amsterdam et de dissimuler une caméra dans un bâtiment sur une île au large de Naples.

L'exercice Alpha d'avril 2002 aurait donc eu pour but de tester un agent de la DGSE dans une "mission logistique" avec armes de guerre, en Espagne, sous la direction d'un officier traitant du service action. Chaouati, alias Pérez, avait pour mission de transporter un équipement complet pouvant servir à une élimination, d'une cache située près de Tarragone à une autre cache se trouvant à 100km, près de Barcelone. Il devait pour se faire employer une carte Michelin et un GPS contenant des points prédéfinis marquant la position des caches, mais l'homme n'aurait pas réussi à localiser l'équipement et aurait été appréhendé par la police espagnole, échouant à sa mission.

Et le général s'est chargé de régler l'épineux dossier jusqu'à leur libération six mois plus tard. En mai 2002, lorsqu'il dévoile *«l'affaire espagnole»* à Michèle Alliot-Marie, qui vient de remplacer Alain Richard au ministère de la Défense, le général Rondot évoque *«un exercice d'entraînement logistique destiné à tester un agent de la DGSE. Près de Manresa (province de Barcelone), la police a découvert le transport clandestin d'une arme de guerre de longue portée avec une mire télescopique,* résume l'ancien procureur général de Catalogne José María Mena Álvarez. *Les investigations ont permis l'arrestation de deux citoyens français, l'un d'eux étant algérien d'origine. Ils ont été placés en détention à cause du risque de fuite, et pour le "danger imminent" que représentait l'usage de l'arme. A aucun moment, ils ne se sont présentés comme des agents de l'Etat français.»*

En octobre 2002, Rondot demande au patron de la DGSE de voir *«les familles»* et prépare des *«éléments de langage»* pour la presse : *«C'est un exercice en situation réelle, ce qui explique la présence d'armement.»* Le 16 Octobre 2002, le directeur de cabinet d'Alliot-Marie envoie Rondot en Espagne. *«Mon général, je vous confirme qu'il me paraît nécessaire que vous rencontriez personnellement le procureur général de*

Barcelone pour attester la qualité de la personne en cause. Il est souhaitable que cette démarche soit effectuée le plus tôt possible, c'est-à-dire dès demain.» Rondot s'y rend accompagné de deux responsables de la DGSE. Il dépose sous son nom, se porte garant, et demande «l'expulsion» des agents.

L'ancien procureur général Mena Álvarez se souvient «des pressions officielles» exercées par «la hiérarchie judiciaire espagnole» pour une remise en liberté des Français. «Mais les faits étaient graves et le juge d'instruction a donc refusé.» «Alors que j'étais responsable du ministère public de Catalogne, une personne s'est présentée à mon bureau comme général de l'armée française, se souvient Mena Álvarez. J'ai fait vérifier sa qualité, et le général a fait une déclaration officielle devant moi, affirmant que les détenus étaient des fonctionnaires français qui avaient effectué sous ses ordres un exercice de simulation. Il a demandé leur remise en liberté, et s'est engagé sur l'honneur à ce qu'ils soient présents à l'audience le jour du procès. Devant cette garantie officielle, le juge d'instruction a remis les détenus en liberté.»

Fin 2002, Rondot envoie ses vœux au procureur «pour le remercier». Mais, en 2003, les officiels français vont se démener pour «obtenir la clôture du dossier par le procureur»: «Le ministre de la Défense peut en parler à son homologue espagnol. Exercer une pression. Procureur de Barcelone. Ministre de la justice espagnol?» note Rondot. «Ne pas exercer trop de pressions, car se serait donner le sentiment qu'il y avait autre chose à cacher», écrit-il aussi.

En septembre 2003, Rondot se tourne vers Laurent Le Mesle, l'actuel procureur général de Paris, alors conseiller justice de Jacques Chirac, pour «en savoir plus sur les intentions des magistrats espagnols».«J'ai reçu le général Rondot à la demande du chef d'état-major particulier, confirme M. Le Mesle. Il m'a indiqué que des agents français avaient été interpellés avec des armes prohibées. J'ai eu le sentiment que c'était une affaire secret-défense, et je n'ai pas posé de questions.» Laurent Le Mesle assure n'avoir fait que contacter le magistrat de liaison à Madrid pour «entrer en contact avec des magistrats locaux». Selon ce dernier, le dossier s'est traité «en dehors des voies classiques de la coopération internationale».

Les circonstances exactes de l'arrestation de Chaouati et Piazzole ne sont pas détaillées, mais selon la presse espagnole, Rachid Chaouati aurait collaboré avec la justice, accompagnant les enquêteurs aux différentes caches où un arsenal complet fut découvert. À l'intérieur d'un tube de PVC, la police espagnole a retrouvé un fusil de précision de conception artisanale, doté d'une lunette de visée et d'un trépied, ainsi qu'une arme de poing calibre.22, équipée d'un silencieux et d'un pointeur laser.

Le fusil de précision, chambré en 7.62mm, n'a pas été identifié par les enquêteurs et semble équipé d'un canon à silencieux intégral. Les policiers ont également découvert un appareil photo jetable Kodak, dissimulant une balise radio très sophistiquée qui devait servir à localiser la cache, une fois l'équipement enterré.

Après six mois d'incarcération des deux agents en Espagne, le général Rondot aurait été prié d'aller plaider leur cause à Barcelone, afin d'obtenir leur libération. Le ministère de la Justice du gouvernement Aznar aurait également fait pression auprès du procureur dans le sens d'une libération. Pour la presse française, Rondot aurait eu une entrevue avec le procureur général Mena Alvarez, se présentant comme général de l'armée française, affirmant que les deux agents procédaient à un exercice et demandant leur libération.

La presse espagnole rapporte pour sa part la visite au juge Mena d'un commissaire de police français, Bernard Chardonye, venu demander la libération de Piazzole. Le juge Mena aurait par la suite cherché à retrouver la trace du commissaire, sans succès.

Fin 2002, les deux agents français furent placés en liberté conditionnelle, dans l'attente de leur procès, prévu pour le 4 mars 2004. Ni les deux prévenus, ni le général Rondot, ni le commissaire français n'assistèrent au procès, au cours duquel le procureur demanda une peine de sept ans de prison. Un mandat d'arrêt international, toujours en vigueur, aurait été lancé par la justice espagnole pour retrouver les deux hommes.

Hollande

François Hollande, lecteur assidu des rapports de la DGSE alors qu'il était jeune chargé de mission sous Mitterrand, apprécie particulièrement les opérations du SA. Le président de la République ne partage sa liste de cibles qu'avec quelques proches triés sur le volet, trois personnes principalement, capables de guider ses décisions ou de garder le silence: son chef d'état-major particulier, le ministre de la Défense, Jean-Yves Le Drian, et le directeur de la DGSE, Bernard Bajolet.

François Hollande avait déjà abordé le sujet face aux journalistes Gérard Davet et Fabrice Lhomme, dans leur ouvrage *Un président ne devrait pas dire ça* , sorti en octobre 2016. *"L'armée, la DGSE, ont une liste de gens dont on peut penser qu'ils ont été responsables de prises d'otages ou d'actes contre nos intérêts. On m'a interrogé. J'ai dit: 'si vous les appréhendez, bien sûr...'"*, y expliquait ainsi le chef de l'Etat, confiant avoir approuvé au moins quatre assassinats ciblés de terroristes à l'étranger.

«Un président ne devrait pas dire ça..." (chez Stock) vient offrir une nouvelle salve d'ennuis au président de la République. Dépeint à droite comme à gauche comme un «suicide politique», l'ouvrage de Fabrice Lhomme et Gérard Davet regorge d'informations compromettantes, si ce n'est classées secrètes. Dernier exemple en date, qui déclenche une bronca jusqu'au sein du gouvernement, la révélation d'au moins quatre homicides ciblés de terroristes, ordonnés par l'Élysée et exécutés par les services de la DGSE. Une pratique illégale selon les accords internationaux ratifiés par la France.

Interrogé sur les «opérations Homo», le 9 octobre 2015, François Hollande avoue aux deux journalistes: «J'*en ai décidé quatre au moins, mais d'autres présidents en ont décidé davantage»*. Un mois plus tard, conscient d'avoir peut-être livré des informations sensibles, il tente de relativiser ces assassinats ciblés. «*C'est totalement fantasmé»*, assure François Hollande. «*On ne donne pas de permis de tuer»*. «*On a une liste de noms de tous les gens qu'on a éliminés, ça, je l'ai dit, mais on ne fixe pas une liste de noms en disant: "voilà il faut les éliminer". Si on les trouve, on les trouve»*, détaille encore le chef de l'État et des armées.

Alain Juppé peine à contenir son indignation. «*Je demande d'abord que le président de la République assume sa fonction - je crois qu'il est trop tard - de manière digne. Quand on est chef de l'État, on ne tient pas des propos de ce type. Et il faut bien se mettre dans la tête que la transparence absolue, ça devient un danger pour la démocratie et pour la sécurité de nos démocraties*», poursuit le maire de Bordeaux. Avant de renchérir: «*Il est des situations où le secret est indispensable à l'exercice d'une haute fonction comme celle de chef de l'État*».

«*C'est une manière d'exposer sur la place publique ce qu'il y a de plus lourd dans la fonction présidentielle. Ça ne peut se faire qu'en conscience profonde et sûrement être étalé devant les médias*», a pour sa part brocardé François Bayrou, sur RTL.

Ancien ministre de la Défense de Nicolas Sarkozy, Gérard Longuet ne se montre pas moins critique sur LCP. Il dénonce un livre «*consternant de la part d'un président en activité*», qui contrevient à son devoir de «discrétion totale». «*Quand on porte la responsabilité de la République, il faut avoir la décence de taire ses états d'âmes*», estime le sénateur de la Meuse, soutien de François Fillon. «*Se confier à des journalistes par une sorte de narcissisme émerveillé de soi-même, c'est proprement insupportable parce que cela se fait au détriment de l'autorité de la République*».

À gauche, Jean-Luc Mélenchon a été l'un des premiers responsables à relever l'incroyable aveu du chef de l'État. Invité sur BFM-TV, le candidat de la France insoumise a prévenu le président: «Je mets en garde François Hollande. Il ferait bien d'y réfléchir. La France a signé (pour) le tribunal pénal international et le Mali aussi. Il y a un problème, il y en aura un bien vite. La vérité, c'est que c'est un assassinat décidé en haut lieu. En principe, ce genre de comportements relève du tribunal pénal international».

Mais le désaveu suprême provient d'un proche fidèle du président, Jean-Marc Ayrault, qui fut son ancien premier ministre. Interrogé par la presse diplomatique sur ces révélations, le ministre des Affaires étrangères s'est fendu d'une réponse sans appel: «*Un président ne devrait pas dire ça... la réponse est dans le titre, c'est la seule chose intéressante du livre*».

Dans son livre "*Erreurs fatales*", le journaliste d'investigation Vincent Nouzille raconte comment Paris a ordonné depuis 2013 l'exécution à l'étranger d'une quarantaine d'individus considérés comme dangereux pour la France, hors cadre légal de la guerre.

Des exécutions extrajudiciaires, validées par le président de la République. Le journaliste d'investigation Vincent Nouzille raconte comment Paris cible et ordonne sur le terrain l'assassinat de jihadistes présumés dangereux pour la France, dans le cadre de la lutte contre le terrorisme. L'ambiguïté de ces opérations réside dans le fait qu'elles se situent dans une "zone grise", c'est-à-dire en dehors du cadre légal des conflits armés, et sont menées par la DGSE et les services spéciaux.

Mais selon Vincent Nouzille, le chiffre est très minimisé. Ce serait en réalité une quarantaine de jihadistes considérés comme des menaces pour la France, qui auraient été ciblés et exécutés selon ce procédé, entre 2013 et 2016, soit une opération par mois environ. Un rythme soutenu, et jamais vu depuis les années 1950, selon le journaliste. "*De ce point de vue, François Hollande marque une vraie rupture dans l'usage de la force, alors que Nicolas Sarkozy et surtout Jacques Chirac étaient plus prudents sur ces sujets régaliens*", écrit-il.

Ces actions, appelées "opérations homo" (pour "opérations homicides") sont ainsi menées de façon illégale, soit par un agent spécial agissant seul, soit par une équipe restreinte. Les agents passent alors à l'action sur ordre, non écrit, du chef de l'Etat. "Les renseignements proposent des objectifs. Comme il s'agit d'opérations spéciales, ces propositions sont faites à l'échelon politique, qui valide ou pas", résume au micro de BFMTV Gilles Sacaze , ancien cadre du service action de la DGSE.

Les responsables militaires préfèrent le terme "d'objectifs stratégiques" ou de "cibles ennemies" à celui d'"exécutions ciblées", pour évoquer ces opérations. Car le flou juridique qui les entoure est assez important. En effet, dans le cadre d'un conflit militaire reconnu et déclaré comme tel, passé par l'aval parlementaire, ce genre d'opération spéciale est assimilé à un acte de guerre, explique Vincent Nouzille. L'élimination d'une "cible ennemie" rentre donc logiquement dans ce cadre.

Mais la situation apparaît plus ambiguë lorsque les agents des forces spéciales ou de la DGSE interviennent pour viser une cible dans une zone "grise", le terme militaire pour évoquer une zone d'instabilité, de non droit, ou bien en marge d'une opération militaire classique. Leur action, menée dans la plus grande discrétion, s'apparente alors davantage à une vengeance après un acte terroriste ou une prise d'otages impliquant des Français, ou à une exécution extrajudiciaire.

Une liste de *High Value Targets* (HVT) ou *High Value Individuals* (HVI) rassemble ainsi les noms des individus à cibler sur le terrain. Comme l'explique Vincent Nouzille, la traque est préparée avec la plus grande minutie par les services spéciaux, qui affinent les cibles à l'aide de l'étude de renseignements électroniques, d'interrogatoires de prisonniers, et d'analyses d'imagerie.

Objectif: affiner au maximum les informations permettant d'identifier et de localiser la cible humaine en question, avant de lancer toute opération. Une fois repérée, la cible est suivie jusqu'au moment jugé le plus opportun pour déclencher l'exécution.

On savait déjà qu'en 2014, François Hollande avait donné l'ordre à la Direction générale de la sécurité extérieure (DGSE) de supprimer Ahmed Abdi al-Muhammad, aussi connu sous le nom de Ahmed Godane, le chef des Shebbaab, un groupe terroriste islamiste qui sévit notamment en Somalie.

Et tandis que les services de renseignement français s'étaient occupés de la localisation du leader terroriste, c'est l'armée américaine qui s'était chargée de l'opérationnel, une frappe au moyen d'un drone militaire. L'armée américaine avait d'ailleurs confirmé l'opération.

Seulement voilà, Ahmed Godane a beau ne pas être un ange, les assassinats ciblés et décidés par le seul pouvoir exécutif, de façon arbitraire et sans aucun cadre légal, sont contraires au droit de la guerre et au droit international. Ils relèvent d'un droit de vie et de mort incompatible avec l'esprit du droit moderne.

La CPI

Comme l'explique le maître de conférence à Lyon Gilles Devers dans son blog Actualités du droit, cela revient à infliger la peine de mort sans aucun jugement. Et là où le bât blesse, c'est que la Cour pénale internationale (CPI) prévoit que «l'assassinat ciblé décidé par le pouvoir politique et commis dans le contexte d'un conflit armé, est un crime de guerre».

Et en l'espèce, l'ordre de supprimer le terroriste somalien n'a même pas été donné dans le cadre d'un conflit officiel. Et le juriste de poursuivre sa démonstration : si l'article 67 de la Constitution de la Ve République prévoit que le président de la République *«n'est pas responsable des actes accomplis en cette qualité»* hormis la destitution décidée par le Parlement constitué en Haute cour, l'article 53-2 de la Constitution française, dont François Hollande s'est porté garant récemment, indique que *«la République peut reconnaître la juridiction de la Cour pénale internationale dans les conditions prévues par le traité signé le 18 juillet 1998»*, relève le professeur de droit de l'université de Lyon III.

Le chef de l'Etat français est en revanche, devant la Cour pénale internationale, un justiciable comme un autre, au même titre que les dirigeants africains, dont la cour internationale – toujours pas reconnue par les Etats-Unis – est très friande. Les moyens juridiques qui permettraient de faire comparaître le chef d'Etat français devant la CPI semblent donc bien exister, noir sur blanc.

Denis Allex

Jean-Marc Gadoullet dans son livre "Agent Secret" ecrit: *"C'est le cas en Somalie, le 11 janvier 2013, lors de l'opération pour libérer l'un des nôtres, Denis Allex. Depuis Ouvéa, jamais la DGSE n'avait payé si lourdement le prix du sang lors d'un assaut. Denis a été capturé le 14 juillet 2009 à Mogadiscio, en pleine ville. Après plusieurs années d'incertitude, de préparation d'une hypothétique mission de libération, la décision tombe enfin : François Hollande autorise le SA à conduire un raid en Somalie pour libérer son agent, retenu par le groupe islamiste des Shebab.*

Je mesure à quel point cette décision est difficile à prendre pour un président de la République. Sauver Denis, c'est ce que tout le monde souhaite, bien sûr, mais pour cela il faut prendre le risque de mettre en jeu un détachement complet. Outre les vies humaines, il faut aussi peser l'impact potentiel sur la capacité opérationnelle de l'unité. Vingt morts ce serait un trou terrible dans les effectifs. Le nombre précis d'équipiers du CPIS est confidentiel, mais je peux dire que nous ne sommes pas nombreux. Pour le chef de l'État, qui doit raisonner froidement, cela représente également un paramètre à prendre en compte.

L'assaut, millimétré, est préparé et répété pendant des mois. Les renseignements qui parviennent de la zone sont passés au peigne fin, les cartes satellite disséquées dans leurs moindres détails. Les équipiers retenus savent qu'ils se retrouveront seuls en territoire hostile, encerclés par l'armée des Shebab. Un tel raid, seul le SA est capable de l'effectuer. La Légion, les commandos de marine et même les forces spéciales ne sont pas structurés pour ça. Les forces spéciales interviennent en force, elles ne seraient jamais allées aussi loin que le SA, formé pour l'approche furtive.

Enfin, de bonnes conditions se présentent : une nuit noire, sans lune, des coefficients de marée permettant de s'approcher au plus près des côtes sans se faire remarquer. L'opération est menée dans la nuit du 11 au 12 janvier 2013 près du village de Bulomarer. Hélas, malgré la préparation minutieuse, elle se conclut par la mort de l'otage et de deux agents du SA. Les miliciens somaliens essuient de lourdes pertes – plus de soixante-dix hommes –, mais ils submergent le commando par leur nombre. Les autres membres du détachement français sont sauvés avec l'appui aérien des hélicoptères.

Lourd, le bilan de l'intervention l'est plus encore qu'on ne le pense selon Vincent Nouzille: « Contrairement à la version officielle, plusieurs dizaines de civils sont également décédés durant le raid, victimes d'un "nettoyage" nocturne effectué par les commandos français, pour préserver l'effet de surprise, sur la dizaine de kilomètres les menant à la maison où était détenu l'otage. » Les propos du journaliste sont rapidement jugés crédibles, car il est courant de penser qu'il n'y a pas d'opération de cette nature sans victimes collatérales. Mais le supposer n'en fait pas une vérité.

Après la mort de Denis Allex, des instructions sont ainsi données aux services français pour pister le chef des Shebab, Mokhtar Ali Zubeyr, ainsi que tous ceux qui ont joué un rôle direct et indirect dans la détention de l'agent français."

Cibler avec précision un adversaire, c'est l'une des forces du SA. Un adversaire en général, et même un individu en particulier. Mais les espions disposent bel et bien du permis de tuer. « *Tous les présidents, chacun à sa manière, ont recouru à ce type d'action, même s'ils s'en sont défendus*», assure Vincent Nouzille dans son livre, spécifiquement consacré à ces opérations. « *La France dispose de tueurs qui peuvent être mobilisés à tout moment pour ces missions. Des équipes spécialisées du SA s'y entraînent en permanence. Une cellule ultrasecrète baptisée Alpha a même été créée au milieu des années 1980 pour mener des opérations "homo" dans la plus parfaite clandestinité* », poursuit-il.

Claude Silberzahn, directeur de la DGSE de 1989 à 1993, l'a également reconnu: « *Le droit de mort des services spéciaux existe bel et bien. [...] C'est un élément de stabilité dans le monde que ce droit suspendu au-dessus des têtes de certains "tueurs", et notamment de celles des terroristes. Il est important de faire planer cette éventualité, même si la pratique n'est pas quotidienne.*»

Bernard Bajolet

Le directeur de la DGSE après avoir été ambassadeur dans des pays sensibles comme la Jordanie, la Bosnie-Herzégovine, l'Irak et l'Afghanistan, ce sexagénaire à la fine barbiche, réputé pour son parcours hors norme et son style peu conventionnel, a inauguré la fonction de coordonnateur national du renseignement à l'Élysée sous Nicolas Sarkozy en 2008.

Il a quitté ce poste en 2011, estimant qu'il n'avait pas assez d'influence. Fin connaisseur des arcanes du pouvoir et des terrains de guerre, il a été nommé à la tête de la DGSE par François Hollande en avril 2013. Il y pilote près de cinq mille personnes, allant des as de la cyberguerre aux agents du SA, lesquels sont essentiellement des militaires formés aux opérations clandestines de tout type, y compris les assassinats ciblés.

Homme de confiance, Bernard Bajolet dispose d'un contact personnel avec le président de la République, n'hésitant pas à le joindre plusieurs fois par jour si nécessaire. Quitte, parfois, à court-circuiter le général Puga et l'actuel coordonnateur national du renseignement, l'ancien préfet de Corrèze Alain Zabulon.

Bernard Bajolet, auditionné à huis clos, en mai 2016, par la commission d'enquête parlementaire sur les attentats de 2015:

«La DGSE a plusieurs particularités. Tout d'abord, c'est un service intégré, qui regroupe des capacités de renseignement humain, technique et opérationnel. Le renseignement opérationnel est celui que nous n'obtenons pas par des sources, mais que nous allons chercher directement, à mains nues, en quelque sorte. Nous avons aussi une capacité d'entrave. L'entrave ne consiste pas nécessairement à éliminer tel ou tel individu, mais à empêcher une action.

Ces interventions ne sont pas seulement menées par la direction des opérations, mais elles peuvent aussi l'être par la direction du renseignement, par exemple en portant un cas devant la justice, en faisant arrêter des individus, en faisant arraisonner par la Marine nationale ou une marine étrangère un bateau qui transporte de la drogue ou des armes. Ces actions peuvent prendre des formes très différentes. Nous pouvons aussi apporter un soutien aux forces armées françaises ou à des services étrangers pour obtenir une action particulière.

Dans un service comme le mien, le renseignement humain est soutenu par le renseignement technique. Ainsi, plusieurs agents en rapprochement de la direction technique appuient les officiers de recherche ou les analystes dans chaque bureau de la direction du renseignement. À l'inverse, le renseignement humain soutient la recherche technique et les capacités opérationnelles.

Il est très important, pour obtenir du renseignement technique, d'accéder à certains réseaux à l'étranger : c'est grâce au renseignement humain ou opérationnel que nous sommes en mesure d'en dresser la cartographie. C'est pourquoi, dans certains pays, nous avons des capacités dont de très grands services, telle la National Security Agency (NSA), ne disposent pas.

En outre, nos moyens techniques sont mutualisés et mis à la disposition des autres services de renseignement français. Dans la pratique, cela se traduit par des postes déportés auprès d'autres services, en particulier la direction générale de la sécurité intérieure (DGSI) et la direction du renseignement militaire (DRM).

A propos de 13 Novembre

Je ne veux pas être trop spécifique. Nous connaissions plusieurs des auteurs des attentats de novembre. Nous suivions en particulier, depuis le mois de janvier 2015, le réseau Abaaoud, en liaison avec un projet d'attentat du « groupe de Verviers ». Nous avons aidé nos homologues belges à déjouer cet attentat. Comme vous le savez, Abaaoud a pu s'échapper. Si nous ne l'avons pas vu sortir de Syrie, nous avons appris, en coopération avec la DGSI, sa présence sur le sol français après les attentats du 13 novembre. Nous pensons que ceci a peut-être contribué à empêcher une autre vague d'attentats, mais nous n'avons malheureusement pas pu prévenir ceux du 13 novembre.

Le rôle de mon service est la détection en amont, à l'étranger, des attentats visant le sol français, et nous travaillons alors en collaboration avec la DGSI, qui est chef de file en ce qui concerne la menace visant le territoire français. Les personnes que nous suivons circulent entre l'Europe et les zones de jihad, syro-irakiennes, libyennes ou autres. Ce n'est donc du renseignement ni purement extérieur ni purement intérieur, ce qui amène à une étroite imbrication des deux services.

Nous connaissions parfaitement la dangerosité du personnage et savions qu'il nourrissait ce type de projets. Tous les moyens ont été mis en œuvre : moyens humains, techniques, et coopération avec les partenaires. Cette coopération ne nous a jamais fait défaut, y compris s'agissant des Belges. Les Belges ont les capacités qui sont les leurs, mais leur bonne volonté et leur professionnalisme ne sont pas en cause. Nous savions donc qu'Abaaoud était retourné en Syrie, mais nous ne l'avons pas vu ressortir. Nous avons retrouvé sa trace peu après l'attentat du 13 novembre. Il a ensuite été localisé et neutralisé.

La difficulté à laquelle nous nous heurtons est que ces terroristes sont rompus à la clandestinité et font une utilisation très prudente, très parcimonieuse, des moyens de communication : les téléphones ne sont utilisés qu'une seule fois, les communications sont cryptées et nous ne pouvons pas toujours les décoder. De plus, pour connaître leurs projets, il faut avoir des sources humaines directement en contact avec ces terroristes : or ces réseaux sont très cloisonnés, ils peuvent recevoir des instructions de caractère général, mais avoir ensuite une certaine autonomie dans la mise en œuvre de la mission qui leur est confiée. Cet ensemble de moyens fait que, en dépit de la mobilisation des moyens humains et des sources techniques des services, un certain nombre d'individus peuvent nous échapper.

Il est toujours facile de raconter certaines choses a posteriori. Les Belges n'étaient pas censés savoir qu'Abaaoud était en Grèce et n'avaient donc pas de raison de prévenir les Grecs. Je ne fais que formuler une hypothèse, je ne sais pas ce qu'il en est réellement, mais, au moment où l'on engage une opération comme celle que les Belges ont lancée à Verviers, le nombre des interlocuteurs qu'on prévient n'est pas infini, pour d'évidentes raisons de confidentialité. Il faut toujours prendre avec précaution ce qui se dit après coup.

Nous suivons un grand nombre d'individus : nous savons qu'ils sont dangereux et que certains ont des projets – mais cela ne veut pas dire que nous serons en mesure de les déjouer. Ces individus voyagent sous de fausses identités, suivent des itinéraires extrêmement compliqués et disposent d'une certaine autonomie dans leurs agissements. Dès lors, quand bien même on sait qu'un attentat va être commis, quand bien même on connaît le nom des terroristes, on ne peut pas toujours le prévenir si l'on en ignore le lieu et la date.

Cela explique certains échecs, car les attentats du 13 novembre représentent évidemment pour moi un échec. Je l'ai dit, le rôle de mon service est de détecter et d'entraver les menaces situées à l'étranger et visant soit le territoire national – nous travaillons alors en coopération avec la DGSI –, soit nos intérêts à l'extérieur. Mais, souvent, nous détectons sans être en mesure d'entraver. Des attentats comme ceux du 13 novembre marquent bien un échec du renseignement extérieur : ils ont été planifiés à l'extérieur de nos frontières et organisés en Belgique, c'est-à-dire dans l'aire de compétence de la DGSE. Ils représentent aussi sans doute un échec pour le renseignement intérieur, dans la mesure où ils se sont produits sur notre sol, même si le commando ne disposait pas de base en France – mais d'autres schémas peuvent être envisagés, qui mettraient en jeu des cellules dormantes sur le sol français.

Après un attentat, nous faisons un retour d'expérience. On pourrait parler de faille si, en remontant le fil des événements, nous découvrions que nous disposions d'un renseignement que nous n'avons pas correctement exploité, ou qui serait passé inaperçu parmi de très nombreux autres. Nous avons accompli ce travail de manière honnête et rigoureuse, et nous n'avons pas découvert a posteriori d'éléments permettant de penser que nous aurions pu éviter ces attentats.

Cela ne veut pas dire, cependant, que nous n'avons aucune leçon à tirer des événements. Je ne vais pas vous expliquer que nous aurions pu éviter ces attentats si nous avions eu plus de moyens : nous avons ceux que nous avons demandés, même s'il faudra plusieurs années pour les mettre en œuvre. Après de tels attentats, nous nous interrogeons pour savoir ce que nous pouvons faire pour améliorer notre capacité de renseignement technique et humain, de façon à réduire la probabilité que quelque chose nous échappe. C'est ce que nous faisons tous les jours, et nous avons tiré les conséquences des attentats de janvier et novembre 2015.

Même avec les moyens dont disposent les États-Unis, nous ne ferions pas forcément mieux. Ce n'est pas une question de moyens. Simplement, nous ne sommes pas infaillibles. Le but est de réduire la probabilité que nous laissions passer un incident.

Quand des attentats ont lieu à Bamako, à Ouagadougou ou au Grand-Bassam, c'est également un sujet de grande frustration pour mon service. Nous entretenons une coopération forte avec ces pays, nous y sommes fortement implantés, nous les soutenons et les aidons. Encore ne déplorerait-on aucune victime française, des attentats y font des victimes parmi nos alliés, les affaiblissent, peuvent les déstabiliser. Notre rôle est aussi d'éviter ces attentats.

Mais il faut mettre cela en rapport avec des réussites dont, par définition, vous n'avez pas connaissance, puisqu'il s'agit d'attentats que nous avons empêchés.

Depuis janvier 2013, mon service a contribué à la conception, à la planification et à la conduite de soixante-neuf opérations d'entrave de la menace terroriste : douze ont permis d'éviter des attentats contre des intérêts français à l'étranger, six des projets d'attentats susceptibles de *frapper des intérêts occidentaux – puisqu'ils n'ont pas eu lieu et que nous ne savions pas s'ils nous visaient spécifiquement, on ne peut pas savoir s'il y aurait eu des victimes françaises – et cinquante et une opérations ont eu lieu afin de réduire la menace terroriste, c'est-à-dire faire arrêter des gens, déjouer des projets ou mettre des terroristes hors d'état de nuire. Ces opérations ont eu lieu dans les régions suivantes, par ordre décroissant : l'Afrique subsaharienne, la zone afghano-pakistanaise, la corne de l'Afrique, la Syrie, l'Europe, la Libye et l'Égypte.*

Pour présenter ces mêmes chiffres sous un autre angle, notre rôle a consisté à transmettre des renseignements à nos partenaires pour leur permettre de déjouer les attentats dans vingt-neuf cas, et, dans quarante opérations, nous avons directement contribué à la mise en œuvre de celles-ci. Parfois les sources étaient uniquement des sources humaines, mais, le plus souvent, les informations étaient de source humaine et technique.

Pour nous, mettre hors d'état de nuire signifie neutraliser par des arrestations ou d'autres moyens. Nous intervenons en appui des forces armées françaises et de nos partenaires de la coalition. Nous fournissons des renseignements à la coalition, notamment ce que nous appelons des points d'intérêt. Nous avons fourni, aussi bien pour l'Irak que pour la Syrie, de très nombreux points d'intérêt, qui sont ensuite exploités et complétés par la direction du renseignement militaire.

Nous avons accru le rythme et l'intensité de nos opérations, notamment celles du service action. Il est utilisé au plein de ses capacités sur ces différents théâtres. Pour en revenir aux leçons tirées des attentats, nous ne sommes pas partis de zéro. Depuis plusieurs années, tout particulièrement depuis les années 2010, la coopération avec la DCRI devenue DGSI s'est renforcée. Mais nous sommes passés à un stade supplémentaire après les attentats du mois de janvier 2015, puisque nous avons une cellule insérée à la DGSI, à Levallois, dirigée par un cadre de très haut niveau de mon service. Cette cellule, qui comporte des agents de la direction du renseignement et de la direction technique, a accès aux bases de données de mon service et peut donc fournir en temps réel à ses collègues de la DGSI tous les éléments dont ils ont besoin.

La stratégie de mon service est le renforcement de la coopération et une totale transparence avec la DGSI. Notre coopération a atteint un niveau sans précédent, mais l'objectif que je partage avec Patrick Calvar est encore plus ambitieux, car, malgré cela, des différences culturelles, des différences de méthode et d'approche subsistent. Le rapprochement des cultures ne veut d'ailleurs pas dire leur fusion : chacune d'elles a son mérite, il n'est pas souhaitable de les faire disparaître. Mais cette relation n'est pas encore arrivée à un degré d'irréversibilité. Mon but est de l'ancrer dans la durée.

La collaboration entre la DGSE et la DGSI est confortée par la cellule Allat, qui comporte, outre ces deux services, les quatre autres du premier cercle, plus deux des services dits « du deuxième cercle », à savoir le service du renseignement territorial (SRT) et la direction du renseignement de la préfecture de police de Paris (PP). À l'instar de ce que nous avons fait avec la DGSI, chacun des services participants doit avoir accès à ses bases de données. C'est la valeur ajoutée. Ces deux cellules, qui sont installées dans des lieux contigus, contribuent à donner une fluidité sans précédent aux échanges d'informations entre les services. Le risque de faille du fait d'une information qui n'aurait pas été transmise d'un service à l'autre est considérablement réduit.

Ce renforcement de la coopération est perfectible, mais il constitue une révolution silencieuse en cours, qui a plus de valeur, à mes yeux, que ces changements d'organigramme qui ont parfois les faveurs des soi-disant experts qui se répandent dans la presse.

Deuxième conséquence des attentats du 13 novembre, nous avons franchi une étape supplémentaire, en particulier sur le plan technique, en décidant d'un partage beaucoup plus systématique des données. Jusqu'à une date récente, elles étaient quasiment la propriété de chacun des services, qui ne les échangeaient qu'avec parcimonie. Nous sommes passés à un autre stade en nous appuyant sur une disposition de la loi du 24 juillet 2015, codifiée à l'article L. 863-1 du code de la sécurité intérieure, qui permet des échanges de données entre les services. Ce partage est réciproque, étant entendu que chaque service intervient dans le cadre de ses missions. Et nous restons soucieux d'éviter toute fuite de ces données : plus on échange, plus ce risque existe. Il y a donc des protections particulières.

D'autre part, mon service a la responsabilité des grands programmes techniques mutualisés. Nous avons mis au point des instruments qui sont prêts aujourd'hui, et sur le point d'être utilisés par les différents services. Ils doivent permettre une gestion beaucoup plus fluide du suivi des terroristes, et une priorisation, car, étant donné le nombre de cas que nous devons suivre, il est très important de les hiérarchiser et de savoir qui fait quoi. Nous avons élaboré ces instruments pour les mettre à la disposition des autres services.

Nous avons procédé de même avec la direction du renseignement militaire. La DRM apporte des renseignements en vue de l'attrition des groupes terroristes. Un groupe de travail s'est créé sous l'égide de la DRM, en vue du ciblage en zone Syrie-Irak, et nous y participons avec les autres groupes de la communauté du renseignement.

C'est le cas pour la Syrie et l'Irak: la marginalisation des Sunnites depuis 2003 en Irak et depuis les années soixante en Syrie fait que Daech peut s'appuyer sur des populations sunnites qui ne se sentent pas reconnues par l'État. Ce n'est pas une excuse, mais c'est la raison pour laquelle la prise de villes comme Mossoul, Raqqah ou Syrte est difficile si l'on ne résout pas d'abord les problèmes politiques.

En Irak, le problème politique n'a pas vraiment été abordé. Certes, le Premier ministre Haïder al-Abadi essaie, sans succès à ce jour, de régler la question, mais il doit faire face à des pressions internes ou externes et n'arrive pas, pour le moment, à intégrer les Sunnites au pouvoir. Quelques-uns sont présents, mais ils ne sont pas suffisamment représentatifs. Tant que ce problème ne sera pas résolu, il sera très difficile de prendre une ville sunnite comme Mossoul, car il faudra y affronter la population si les troupes engagées ne sont pas en majorité sunnite.

De même, en Syrie, le problème n'est pas seulement celui de la personne de Bachar al-Assad, mais celui de savoir si le gouvernement sera ou pas représentatif des différentes composantes de la population. Tant que ces problèmes n'auront pas été résolus, le nombre de terroristes ne cessera d'augmenter. Plusieurs centaines de Français combattent actuellement en Syrie et en Irak, mais raisonner en termes de nationalité n'a pas beaucoup de sens : il faudrait plutôt compter les francophones, et ne pas oublier que les membres du commando qui a attaqué à Paris le 13 novembre n'étaient pas tous francophones. Même si le problème était résolu sur les plans politique et militaire, il resterait cette foule de djihadistes, auxquels il faut ajouter ceux qui sont revenus de Syrie et ceux qui cherchent à s'y rendre.

La Libye représente un défi bien différent : là, il n'y a pas d'opposition entre Sunnites et Chiites, mais des problématiques tribales, qui ne sont pas moins complexes. Là aussi, nous avons besoin d'un gouvernement d'union nationale représentant l'ensemble de la Libye et il reste encore beaucoup à faire pour que ce soit le cas.

Dans ce pays, il faut surtout éviter une intervention militaire occidentale qui serait la meilleure façon d'unir tous les Libyens contre nous. Ça ne veut pas dire qu'il ne faut rien faire, mais qu'il faut agir de façon extrêmement discrète contre le terrorisme. L'action politique requiert un temps long, tandis que l'action contre le terrorisme demande un temps plus court. Pour le moment, Daech n'est pas structuré, en Libye, de façon aussi solide qu'en Syrie et en Irak. Une intervention intempestive ne pourrait que transformer la Libye en une terre de jihad plus attrayante. Quoi qu'il en soit, nous avons évidemment le souci d'éviter un transfert des combattants étrangers de la zone syro-irakienne vers la Libye.

Nous n'avons pas de contacts avec les services syriens. Les derniers petits contacts que nous avons eus remontent à octobre 2013, dans des conditions un peu rocambolesques. À ce moment, les Syriens soumettaient la reprise des relations avec les services de sécurité à des conditions politiques. J'ai le sentiment que les Syriens n'ont jamais fait de la lutte contre le terrorisme une priorité.

D'autre part, il n'y a pas de GSM dans les zones contrôlées par Daech, et je ne suis pas convaincu que les services syriens y aient tellement de sources, bien que plusieurs personnes qu'ils ont relâchées de la prison de Sednaya soient des terroristes qui ont rejoint le Jabhat al-Nosra et Daech. Enfin, je constate que ceux de nos partenaires européens qui ont des contacts avec eux ne paraissent pas en tirer des renseignements bien extraordinaires.

Il ne faut jamais dire jamais, mais nous avons des doutes sur l'intérêt de tels contacts en termes de renseignement : il faudrait d'ailleurs connaître, au préalable, les contreparties politiques qui nous seraient demandées, car de tels contacts seraient forcément instrumentalisés par le régime.

Quant à la fermeture de l'ambassade, elle n'a pas eu d'impact en termes de renseignement. Renseignement humain et renseignement technique vont toujours de pair, et il faut s'assurer que le renseignement humain est toujours au niveau. Le renseignement technique est surabondant, mais ce serait une erreur de tout lui sacrifier. J'ai le souci de promouvoir le renseignement humain, au même titre que le renseignement technique.

Nous coopérons avec les Russes de façon tout à fait concrète. Il est vrai qu'Abaaoud était un coordonnateur, mais pas le commanditaire. Nous connaissons le commanditaire, mais je resterai discret sur ce point. Nous avons maintenant une bonne connaissance de l'organigramme et de la façon dont s'organise le soi-disant État islamique, qui n'est pas un État, et qui est encore moins islamique. Nous avons bien progressé sur ces sujets, nous avons donc une idée de l'identité du commanditaire.

Même si le substrat chiite-sunnite alimente la guerre, il n'en est pas la cause. Il y a deux organisations terroristes rivales. L'une, Daech, a actuellement le vent en poupe, mais il ne faut pas négliger le réseau Al-Qaïda, qui reste dangereux, comme on le voit au Yémen, qui est présent en Syrie et, fortement, au Sahel. Al-Qaïda dans la péninsule arabique (AQPA) a même des velléités territoriales, puisque le groupe contrôlait quasiment Al Moukalla, dont il a été chassé – sans combattre – par la coalition arabe, avant de s'installer ailleurs. D'autres franchises d'Al-Qaïda ont la volonté d'établir des bases territoriales, mais cela ne s'est pas concrétisé pour le moment.

L'objectif de ces groupes est la guerre globale, l'établissement de la charia sur l'ensemble du monde. Ils cherchent à créer des clivages dans nos sociétés, et donc à déstabiliser la démocratie, qui est leur véritable ennemi. La France est particulièrement visée, pour deux raisons. Tout d'abord, elle est au combat, là où d'autres ont baissé les bras : elle lutte contre le terrorisme en Syrie, en Irak et ailleurs, dans la bande saharo-sahélienne ; elle a empêché le basculement du Mali et sans doute d'autres pays. C'est pour cela que nous sommes dans le peloton de tête des ennemis de cette organisation. L'autre raison est l'influence de la composante francophone, qui agit depuis la Syrie. Ce qui est vrai pour Daech l'est également pour AQPA.

Si vous regardez qui combat en Europe et qui ne combat pas, vous noterez que la France a une position plus engagée que d'autres. Les Américains sont engagés, on ne peut pas le nier, même si la période particulière qu'ils connaissent sur le plan intérieur a une influence sur leur diplomatie et la conduite de certaines affaires.

Nous comptons 600 Français combattant en Syrie pour les djihadistes. Mais il faut élargir ce chiffre pour y intégrer tous les francophones, tenir compte de ceux qui sont déjà revenus et de ceux qui voudraient bien partir.

Daech est une organisation relativement structurée, mais les groupes gardent une certaine autonomie. Nous avons assez bien identifié des katibat, avec des regroupements qui peuvent se faire par nationalité ou par affinité.

Un noyau était actif dès les années 1990, avec le Groupe islamiquearmé (GIA) algérien, le Groupe islamique combattant marocain (GICM) ou le Groupe islamique combattant en Libye (GICL). Des gens qui avaient combattu en Afghanistan jouaient un rôle assez important dans ces groupes. La nouvelle génération, qui part faire le jihad pour des raisons variées, est encadrée par ces personnes plus aguerries qui ont toute une histoire dans le jihad.

S'agissant de l'impression d'hégémonisme de l'Iran, elle tient aussi au fait que, en 2003, le renversement de situation en Irak a considérablement accru l'influence iranienne, au moment où les grands leaders traditionnels du monde arabe s'affaiblissaient : la Syrie est dans l'état que vous connaissez, nous venons de parler de l'Irak, et l'Égypte a connu une situation qui l'a marginalisée à un moment. La situation est donc non seulement due à l'Iran, mais aussi à de grands pays arabes.

Quand bien même Daech aura été vaincu sur le plan militaire, les services de renseignement savent que la menace subsistera pendant plusieurs années. Le nombre des individus concernés est significatif. N'oublions pas que, pendant toute la guerre d'Afghanistan, il n'y a eu que quelques dizaines – peut-être quarante – djihadistes français. Nous en sommes à plusieurs centaines de Français, auxquels il faut ajouter les francophones, les Tunisiens, les Marocains, et ceux que nous ne connaissons pas.

La question de la résilience de la société française se pose. Cela me rappelle les «années de plomb» qu'ont connues des pays tels que *l'Italie, dans des conditions certes complètement différentes. Il faut que la France s'arme, moralement d'abord, pour pouvoir mener cette lutte de très longue haleine.»*

L'avenir

Les orientations du combat militaire contre l'EI s'inscrivent dans le cadre d'une réforme plus large de la DGSE. Son patron, le diplomate Bernard Bajolet, 67 ans en mai, que François Hollande a prolongé à son poste jusqu'en 2017 au-delà de la limite d'âge, espère mettre en œuvre un « plan stratégique» à l'horizon 2025.

La réforme comprend une forte augmentation des effectifs (850 recrutements d'ici à 2019 pour atteindre 7 000 agents), des partenariats avec les Européens, un renforcement du renseignement humain pour suivre l'explosion du renseignement technique acquis par les services secrets ces dernières années.

Face à l'EI, tous les moyens sont employés, et la France est également présente dans le ciel libyen avec des outils conventionnels sur lesquels le ministère de la défense ne communique pas. Engagées depuis la mi-novembre 2015 par des avions de chasse et de reconnaissance, les opérations d'ISR (intelligence, surveillance, reconnaissance) continuent. Des sources militaires évoquent la nécessité de «préparer l'avenir» pour d'éventuelles actions plus larges, même si cet horizon reste peu clair.

Pour l'heure, il s'agit de garantir au président la politique du hit and run («frappe et fuis»): disposer d'un renseignement complet à jour, afin de pouvoir frapper dès que se présente l'opportunité de «neutraliser» un cadre connu de l'EI ou de casser un projet d'attentat menaçant la France.

Chapitre 2

Guerre Clandestine

WikiLeaks dévoilait des emails indiquant la présence de forces spéciales occidentales en Syrie, notamment françaises, ainsi que des emails détaillant des aspects opérationnels, jusque-là ignorés, de la guerre en Libye.

En Syrie, le compte-rendu d'une réunion, daté du 6 décembre 2011 laisse entendre que des forces spéciales occidentales auraient été présentes sur le terrain dès la fin de l'année 2011. Le message évoque quatre *"gars, niveau lieutenant colonel dont un représentant français et un britannique"*

Après deux heures de discussion environ, ils ont dit sans le dire que des équipes de SOF [*Special Operation Forces ou forces spéciales*] étaient déjà sur le terrain, travaillant principalement à des missions de reconnaissance et à l'entraînement des forces de l'opposition.

Les participants rejettent l'hypothèse d'une opération aérienne sur le modèle libyen, affirmant que *"l'idée 'hypothétiquement' serait de commettre des attaques de guérilla, des campagnes d'assassinats, d'essayer de venir à bout des forces des Alaouites (le groupe confessionnel, minoritaire en Syrie, auquel appartient le président syrien Bachar al-Assad) de provoquer un effondrement de l'intérieur."*

La situation syrienne est jugée beaucoup plus complexe que la Libye. *"Les informations connues sur l'OrBat syrien (l'ordre de bataille, soit la composition des armées) sont les meilleures qu'elles ne l'ont jamais été depuis 2001"* détaille un membre des services de renseignement de l'US Air Force. Les membres présents à cette réunion insistent sur les difficultés militaires d'une intervention directe.

Les défenses aériennes syriennes sont bien plus robustes et denses, particulièrement autour de Damas et le long des frontières israélienne et turque. Les participants] s'inquiètent des systèmes de défense aériens mobiles, en particulier les SA-17 (missiles sol-air) qu'ils ont obtenus récemment. L'opération serait faisable, mais ne serait pas facile.

La Guerre contre Kadhafi

Le gars britannique qui participe à la réunion dit que «*la Grande-Bretagne est guidée par des intérêts énergétiques dans cette campagne. Depuis la marée noire (dans le Golfe du Mexique), BP souffre aux États-Unis. Les autres options sont d'aller vers la Sibérie (problèmes avec la Russie), le Vietnam et... la Libye.* Selon eux, le renversement de Kadhafi est le meilleur moyen de remplir ces objectifs énergétiques.

Côté français, la situation est moins claire pour les intervenants de l'armée. Le gradé français affirme que "*la France a entendu parler de menaces d'AQMI (Al-Qaïda au Maghreb islamique), soutenues par Kadhafi, contre des cibles françaises. Ça les a soûlés. Sarkozy s'est mis dans une impasse*" conclut-il. Surtout, la France voulait prouver qu'elle "*pouvait très bien*" conduire ce genre d'opérations, "*prouver sa pertinence.*"

Entre Français et Britanniques, la coordination est d'abord passée par le Pentagone. Au début de la campagne en Libye, la France se coordonnait encore avec la Grande-Bretagne par l'intermédiaire du colonel des services de renseignement de liaison au sein du Pentagon, et non pas directement avec la Grande-Bretagne.

Syrie

Frappes ciblées

Tout y est répertorié. La veille de l'attaque, les Rafale des bases d'Abou Dhabi et de Djibouti devront avoir finalisé leurs derniers tests à 15 heures. Le président de la République devra donner son accord final à 20 heures. Les équipages seront briefés à 21 heures, pour un décollage prévu à 22 h 40. Le dernier contre-ordre possible, pour le chef de l'Etat, pourra intervenir à 1 heure du matin, jour de l'attaque. Après, il sera trop tard. Cinq missiles Scalp seront lancés à 2 h 30, pour atteindre leurs cibles, des bases militaires syriennes, trente minutes plus tard. -Hollande annote le document, compare les décalages horaires, pour mieux se caler avec l'allié américain.

Ses conseillers les plus proches, le général Benoît Puga, chef de l'état-major particulier de la présidence, et Paul Jean-Ortiz, patron de la cellule diplomatique (mort en juillet 2014), ont produit des notes, en vue de cet entretien au plus haut niveau.

Hollande relit les recommandations de son staff. Jean-Ortiz lui conseille quelques phrases, à glisser dans la conversation avec Obama: "La question du calendrier est d'importance. Je reste d'avis qu'il faut faire vite pour des raisons opérationnelles (redéploiement des moyens militaires du régime, évacuation des sites ciblés) et politiques (volatilité de l'opinion publique, enlisement aux Nations unies). "

Le chef de l'Etat devra aussi placer deux questions essentielles : " Quelle est votre décision concernant le lancement d'opérations militaires ? Quel est votre calendrier ? " Obama va devoir prendre ses responsabilités. En cas de report des opérations, conclut Jean-Ortiz, il faudra " consolider le dossier chimique et -exposer une nouvelle fois le blocage russe ".

Autre note primordiale, celle du général Puga. Il confirme à Hollande que les Italiens ont accordé l'autorisation de survol de leur espace aérien. "En conséquence, indique-t-il, vous pourriez dire au président Obama que vos moyens militaires sont prêts à agir dès à présent. "

François Hollande est assez sûr de lui. Depuis le 21 août, et le bombardement par l'armée syrienne de la Ghouta, la banlieue agricole de Damas, il veut contraindre Bachar Al-Assad à partir. Une ligne rouge a été franchie, il dispose de photos, de vidéos, montrant des enfants à l'agonie, le visage déformé sous l'effet du gaz sarin. Les preuves ne manquent pas. L'heure est venue de sanctionner le régime sanguinaire d'Assad. Mais c'est à Obama de donner le " la". D'impulser l'action. Impossible d'agir sans l'accord de Washington, de toute façon.

Obama assure détenir, lui aussi, des éléments tangibles sur l'utilisation d'armes chimiques par le régime syrien. Il paraît déterminé. " Il y a deux solutions, soit on va très vite, soit on attend ", résume-t-il. En clair, agir immédiatement ou laisser passer le G20 qui doit se tenir la semaine suivante, à partir du 5 septembre, à Saint-Pétersbourg, en Russie, protectrice historique du régime syrien.

Hollande souhaite frapper le plus rapidement possible, en l'occurrence dans la nuit du dimanche 1er au lundi 2 septembre, une fois que la mission d'inspection dépêchée par l'ONU aura pu quitter le territoire syrien. Lors de son discours devant la conférence des ambassadeurs, le 27 août, Hollande n'a pas caché sa volonté de mettre fin aux exactions du despote syrien. " Nous avons ces deux options, il faut que nous y réfléchissions, conclut donc Obama. Je vous rappelle dimanche. "

"Obama, il est lent à prendre ses décisions", se désole-t-il. Le refus du Parlement britannique d'autoriser David Cameron à ordonner des frappes fait réfléchir le président américain. Et puis Obama s'est inscrit en rupture avec le " faucon " George W. Bush, il est extrêmement réservé à l'idée d'engager son pays dans des conflits extérieurs. Le fiasco irakien a laissé des traces. Enfin, l'ONU n'a pas donné son aval à l'opération, en raison du veto de Vladimir Poutine.

«Poutine va utiliser ça pour victimiser Bachar Al-Assad et pour dire qu'on a violé le droit international, vous ne pouvez pas le convaincre...", juge Hollande. Qui ajoute : "Poutine ne comprend que les rapports de force. Je n'ai pas de doutes sur la culpabilité du régime, ajoute le chef de l'Etat. Si l'on n'inflige rien pour un acte comme celui-là, on ne fera plus rien après. "

Samedi 31 août 2013

Les Américains font savoir aux Français qu'Obama doit impérativement communiquer le jour même avec Hollande. Les choses ont évolué, dans l'esprit du président américain. Hollande convoque un conseil de défense restreint, qui doit suivre cette conférence téléphonique. Il pense qu'Obama va solliciter un nouveau délai. Alors que tout est prêt, côté français.

La conversation est brève. Obama prend de court son interlocuteur : " Il y a deux événements : on n'a pas la possibilité d'avoir une résolution du Conseil de sécurité à l'ONU, Cameron vient de consulter la Chambre des communes, donc moi, pour la légitimité de l'opération, je préfère avoir le vote du Congrès. "

"Quel délai?", s'enquiert Hollande. "Quinze jours, on devrait pouvoir y arriver", dit Obama. Coup de massue côté français. " J'ai été étonné qu'il recoure au Congrès, alors même que Cameron venait d'en subir les effets. Je crois qu'il a cherché une solution – pas un prétexte – pour -gagner du temps et pour se conforter. " a commenté Hollande.

Les tergiversations américaines agacent Hollande, le placent dans une situation délicate. Les deux hommes se revoient au G20. Hollande prend conscience qu'Obama n'obtiendra pas le vote du Congrès. Ou alors très difficilement. " J'ai compris que c'était plus difficile qu'il ne l'avait imaginé lui-même. " Un autre personnage a saisi la complexité de la situation : Vladimir Poutine. "

«Il lit les journaux, Poutine, il n'a pas besoin d'informations confidentielles, ou de mettre sur écoute – ce qu'il a peut-être fait par ailleurs... ", lâche Hollande. Le président russe voit là une opportunité de faire un " coup " diplomatique : il propose donc la destruction des armes chimiques syriennes, avec l'aval du régime. Obama, en pleine négociation avec l'Iran, autre soutien de poids d'Assad, saute sur l'occasion.

Les Rafale peuvent déposer leurs missiles. A la dernière minute, les Etats-Unis ont abandonné la France en rase campagne. Il n'y aura pas d'attaque aérienne. Car Hollande n'a -jamais envisagé d'agir en solitaire. Militairement, c'était possible. Diplomatiquement, beaucoup trop risqué. " L'opération ne pouvait être que collective ", confirme-t-il. Finalement, il voit dans cette déconvenue quelques avantages. " Les pays qui nous ont regardés ont dit : "Tiens, la France a été la seule à tenir bon", les pays du Golfe, les pays arabes, on a obtenu la considération... ", veut croire le chef de l'Etat.

Du point de vue de Hollande, la volte-face d'Obama a indirectement contribué à la montée en puissance, en Syrie, de l'organisation Etat islamique (EI). En cas de frappes, " le régime aurait été affaibli, l'opposition plus forte, et Daech - acronyme arabe de l'EI - ne serait pas apparu comme ça, même s'il existait déjà en Irak ", il dit. Hollande n'a pas fini de ruminer. " Sur la Syrie, cela a été une frustration, confie-t-il le 30 avril 2015. Je ne sais pas ce que cela aurait donné si on avait frappé, peut-être qu'on se reverrait et que vous me diriez : "Vous avez frappé, mais il y a Daech qui est là, c'est de votre faute." Ce que je peux dire, c'est qu'on n'a pas frappé... et il y a Daech. "

Le président américain n'a aucun regret d'avoir décommandé à la dernière minute une opération de représailles contre le régime de Bachar al-Assad à l'été 2013. Et, plutôt que d'attendre le jugement des historiens, il façonne lui-même l'image qu'il entend laisser de sa présidence, en particulier en politique étrangère. Cela réserve quelques surprises. Le président américain s'est longuement confié à Jeffrey Goldberg, du magazine "The Atlantic", qui publie ses confidences sous le titre ambitieux de "doctrine Obama".

Sur le sujet le plus délicat, celui sur lequel se concentrent aujourd'hui les critiques, la Syrie, Barack Obama déclare qu'il n'a aucun regret d'avoir décommandé à la dernière minute une opération de représailles contre le régime de Bachar al-Assad, à l'été 2013, pour avoir employé des armes chimiques contre son peuple. Un épisode considéré par François Hollande comme une véritable trahison.

Obama va plus loin : "Je suis très fier de cet instant", dit-il en évoquant l'un des moments clés de son mandat, allant à l'encontre de l'opinion de son entourage qui estimait que sa crédibilité et celle de l'Amérique étaient en jeu après avoir annoncé que les armes chimiques seraient la "ligne rouge" qu'Assad ne devait pas franchir. "En appuyant sur la touche pause à cet instant, je savais que ça me coûterait cher politiquement. Le fait est que j'ai pu m'extraire de ces pressions immédiates et réfléchir tout seul sur ce qui était dans l'intérêt de l'Amérique, non seulement par rapport à la Syrie mais par rapport à notre démocratie : c'est l'une des décisions les plus difficiles que j'ai prises – et je crois profondément que c'était la bonne."

Confidentiel défense

Le parquet de Paris a ouvert une enquête après la fuite d'un document «confidentiel défense» sur un projet de frappes françaises en Syrie en 2013, obtenu par des journalistes du Monde dans le cadre d'entretiens à l'Élysée avec François Hollande. L'enquête a été ouverte pour compromission de la défense nationale, après un signalement du député Les Républicains Éric Ciotti.

Éric Ciotti s'était ému une première fois d' «une compromission flagrante et dangereuse du secret nécessaire à notre sécurité et à notre souveraineté».

Le parquet a transmis un courrier au ministère de la Défense pour obtenir des réponses sur la classification du document et sur le degré éventuel d'atteinte portée à la défense nationale. Début novembre 2016, le ministre de la Défense, Jean-Yves Le Drian, un proche de François Hollande, avait relativisé la gravité des faits. «De quoi s'agit-il? De la publication dans un journal du soir d'éléments (...) sur des événements qui remontent à trois ans et en plus sur une opération qui n'a pas eu lieu», avait-il lancé.

Les leaders du parti d'opposition Les Républicains reprochent à François Hollande d'avoir trahi le secret défense et divulgué des informations classifiées concernant des assassinats ciblés visant des membres de l'État islamique. Il sera compliqué juridiquement de poursuivre le chef de l'État. Tout d'abord parce qu'en tant que chef de l'exécutif et chef des armées, il détient la prérogative de décider de ce qui est classé secret défense ou pas.

Ensuite parce que l'information qu'il donne reste extrêmement succincte puisqu'il ne divulgue ni l'identité des personnes ciblées ni les éléments de contexte, qu'il s'agisse de la temporalité, des lieux ou encore de la méthode employée. Il avoue seulement avoir décidé de quatre assassinats ciblés, ce qui par ailleurs est une information qui renseigne les citoyens sur l'action de l'État. Il serait donc difficile et paradoxal de l'accuser de compromission du secret alors que l'on reproche plutôt à l'État son opacité en matière de défense.

Le droit français n'autorise rien de précis en la matière et le droit commun punit toute forme d'assassinat. Mais il peut en aller autrement lorsque l'on se trouve en situation d'engagement militaire hors du territoire. Dans ce cas, le code pénal exonère la responsabilité des militaires qui usent de la force, y compris létale, pour accomplir leur mission. La difficulté tient donc au fait que l'on se situe dans une zone grise: celle située entre le droit de la paix et celui de la guerre.

Cela explique d'ailleurs que dans cet entre-deux ce soient souvent les forces les plus clandestines (comme le service Action de la DGSE ou le commandement des opérations spéciales) qui prennent le relais. Sur un terrain d'opérations extérieures où les forces françaises interviennent, comme c'est notamment le cas en Irak ou au Mali, l'élimination d'un djihadiste considéré comme un adversaire militaire de la France se rapproche plutôt d'une opération militaire que d'un assassinat.

La tradition française voudrait que l'on n'agisse pas contre nos propres ressortissants et que l'on ne neutralise que des étrangers dont on a la preuve qu'ils ont du sang sur les mains, et si possible loin du territoire national. Si ces usages sont encore respectés, on ne se trouve donc pas dans la situation délicate qu'ont connue les États-Unis et la Grande-Bretagne qui ont dû admettre avoir procédé à des éliminations extrajudiciaires contre certains de leurs propres ressortissants.

Pour pouvoir engager des poursuites avec la moindre chance de succès, il faudrait réunir des preuves suffisantes concernant qui a été visé, comment et qui a commandité et exécuté l'opération. Le secret absolu qui couvre tout particulièrement ce type d'actions fait que cela reste très peu probable. Pour autant, c'est bien parce que la France (comme d'autres États démocratiques) prend au sérieux le risque juridique potentiel s'agissant des actions clandestines qu'elle a récemment renforcé son droit qu'il s'agisse de la responsabilité de ses militaires ou de la mise en cause de celles des agents de ses services de renseignement extérieur (dans le nouvel article L862-1 du code de la sécurité intérieure).

Libye

Des commandos se trouvaient bien en Libye, pour des missions quasi clandestines s'apparentant à celles du SA. Recevant le 20 avril 2011 à l'Élysée le chef politique du CNT, Moustafa Abdel Jalil, et son entourage, Nicolas Sarkozy a discuté avec eux des futurs plans secrets pour la prise de Tripoli. Il leur a promis l'envoi d'« officiers de liaison » des forces spéciales pour mieux coordonner les offensives des rebelles avec les frappes aériennes de l'OTAN. Publiquement, il a simplement annoncé que des « éléments militaires » escorteraient à Benghazi son représentant français, le diplomate Antoine Sivan. Un camouflage de pure forme.

Habillés en civil pour plus de discrétion, ces soldats d'élite du Commandement des opérations spéciales (COS), dont les effectifs auraient dépassé la quarantaine d'hommes, se sont activés dans la région de Benghazi dès le début du mois d'avril, à Misrata fin avril et tout au long de l'opération Harmattan, surtout pour des missions d'encadrement et de renseignement, en lien avec la DGSE et avec quelques gendarmes du GIGN. Pour leur part, les agents du SA se sont chargés de la protection de plusieurs leaders du CNT, dont Moustafa Abdel Jalil. À partir de mai 2011, ils ont aussi livré des armes aux insurgés du djebel Nefoussa, dans la région de Zintan.

Les détachements du COS de Benghazi et Misrata, quant à eux, ont été renforcés par d'autres commandos clandestins qui venaient ponctuellement prêter main-forte aux rebelles, en plus des frappes aériennes de l'OTAN et des raids destructeurs menés par des nuées d'hélicoptères français venus de la mer. Parmi eux, des membres des commandos marine Hubert, réputés pour leurs interventions nocturnes, ont fait le coup de feu le long de la côte libyenne. « *Ils débarquaient dans la nuit, raconte un bon connaisseur de leurs faits d'armes. Ils entraînaient les groupes rebelles, les aidaient à passer à l'assaut de positions des forces kadhafistes, puis disparaissaient le jour.*»

En août 2011, des commandos marine venant de Misrata ont également débarqué en force aux côtés de la katiba Tiger lors de l'opération Mermaid Dawn (Aube de sirène), c'est-à-dire la prise de Tripoli1. D'autres soldats du COS ont été envoyés durant l'automne à Syrte et dans le Sud, près de Sebha et de Bani Walid. Selon un gradé proche des états-majors, les forces spéciales ont été confrontées à des situations tendues : « *Ce fut très chaud et il y a eu un peu de casse côté français.* »

Dans une étude minutieuse, le think tank britannique Royal United Services Institute a confirmé que des forces spéciales françaises se sont déployées dans plusieurs régions libyennes aux côtés de commandos britanniques, italiens, égyptiens, qataris, émiratis et autres. Les Qataris ont installé des centres d'entraînement à Benghazi et dans le djebel

Nefoussa, tout en facilitant les livraisons d'armes clandestines de la DGSE. « *Ni les forces spéciales britanniques ni les françaises n'ont dicté le calendrier de l'avancée des rebelles vers Tripoli en août* », ont résumé les chercheurs britanniques, mais elles ont, avec d'autres, joué un rôle « vital de facilitateur». « *Elles n'étaient jamais en première ligne*», plaidera le général Christophe Gomart, patron du COS.

Selon la version officielle du ministère de la Défense, la France n'avait pas de soldats au sol en Libye. Cette guerre clandestine n'a donc pas eu lieu. Nicolas Sarkozy s'est donc servi de ces commandos pour faire tomber son ennemi Kadhafi. Pourtant, rien ne prédestinait le président à ce type de guerre secrète. Avant son élection, il n'a jamais cultivé une passion débordante pour les opérations spéciales ni pour le renseignement. À l'aise avec les préfets et les policiers du ministère de l'Intérieur, Nicolas Sarkozy méconnaissait le monde des armées. Il a fait son service militaire en 1978 comme simple agent d'entretien à l'état-major de l'armée de l'air. Lorsqu'il était ministre du Budget en 2004, il a tout fait pour rogner les dépenses du ministère de la Défense, ce qui a laissé de mauvais souvenirs au sein des états-majors.

À son arrivée à l'Élysée, en mai 2007, les dossiers militaires et de renseignement ne semblent pas être prioritaires à ses yeux. En dépit de la rupture annoncée avec l'ère chiraquienne, la continuité prévaut dans ce qui relève du domaine réservé, puisqu'il garde à ses côtés les responsables qui suivaient ces dossiers pour Jacques Chirac. Son chef d'état-major particulier, l'amiral Édouard Guillaud, ancien commandant du porte-avions Charles de Gaulle, occupe ce poste depuis 2006. Le patron des armées, le général Jean-Louis Georgelin, était le prédécesseur de l'amiral Guillaud auprès du président Chirac. Et le diplomate Pierre Brochand est maintenu à la tête de la DGSE jusqu'à fin 2008, date à laquelle il est remplacé par un fidèle de Sarkozy, Érard Corbin de Mangoux, ancien préfet des Hauts-de-Seine.

Dans son excellent livre «*Les tueurs de la Republique*», le journaliste Vincent Nouzille reconte:

Octobre 2011

Un Mirage 2000-D français plonge sur un convoi de plusieurs dizaines de véhicules arrêtés au bord d'une route à la sortie sud de Syrte, sur la côte libyenne. La cible a été désignée au pilote par les états-majors de l'OTAN. Un drone américain a donné l'alerte. À l'intérieur d'une des voitures se trouve Mouammar Kadhafi, l'ancien Guide libyen, qui depuis la chute de Tripoli, fin août, se cache dans sa ville natale avec une poignée de fidèles.

Quinze minutes plus tôt, un missile Hellfire tiré depuis un drone américain Predator a déjà détruit un des véhicules qui essayaient de quitter la ville. Une vingtaine de voitures ont tenté leur chance dans une autre direction, mais sont tombées sur une base de rebelles de la brigade (katiba) Tiger, qui les ont attaquées. Pris dans des tirs croisés, les véhicules se sont immobilisés. L'avion de chasse français, qui patrouillait au-dessus de Syrte avec un Mirage F1CR de reconnaissance, ne tarde pas à arriver sur les lieux. Il largue deux bombes de deux cent cinquante kilos chacune guidées par laser GBU-12. L'une d'elles pulvérise le convoi.

Les ravages sont énormes: la plupart des voitures, qui transportaient des munitions et des bidons d'essence, prennent feu. Le Mirage 2000-D a rempli sa mission. Il quitte les lieux. On dénombrera sur le site plus d'une cinquantaine de cadavres, dont vingt-huit totalement carbonisés.

Le chasseur français a largué des bombes surpuissantes. L'intention meurtrière de la frappe ne fait pas de doute. Sans l'avouer publiquement, la France et ses alliés de l'OTAN mènent bien une guerre clandestine visant à éliminer l'ex-dictateur libyen et ses proches. Mais Kadhafi en réchappe miraculeusement. Plusieurs de ses fidèles, qui l'accompagnaient dans sa fuite, sont morts, et l'un de ses fils, Moatassem, est blessé.

Les survivants – Kadhafi, Moatassem, le général Mansour Dhao, l'ex-ministre de la Défense, Abou Bakr Younès, et des gardes du corps – se réfugient dans deux immeubles voisins. Les miliciens rebelles les assiègent à coups de mortiers et de mitrailleuses. «Je vais essayer de vous sortir de là», lance Moatassem à son père. Le petit groupe décide de courir jusqu'à une canalisation où ils pourront s'abriter, à une centaine de mètres de là. Les gardes de Kadhafi lancent des grenades pour repousser les assaillants, qui approchent. L'une d'elles explose dans la canalisation, tuant un garde du corps et blessant grièvement Abou Bakr Younès, qui meurt peu après.

Kadhafi est en sang, touché à la tête. Les combattants de la katiba Tiger le sortent de sa cachette, surpris de le trouver là. Pour la plupart issus de la ville de Misrata, qui a été durement frappée pendant deux mois par les forces kadhafistes, ils commencent aussitôt à lyncher l'ancien dictateur.

«Allah Akbar! Misrata!» crient-ils en le frappant sauvagement. En trois minutes, la situation devient incontrôlable. Des tirs fusent. Les miliciens poussent Kadhafi sanguinolent, à moitié nu et visiblement inconscient, dans une ambulance qui part immédiatement pour Misrata. Lorsqu'il arrive sur place, deux heures plus tard, le dictateur est décédé.

«Les circonstances de sa mort demeurent peu claires», affimera l'ONG Human Rights Watch au terme d'une enquête minutieuse s'appuyant sur des images et des témoignages. L'investigation apportera également des détails sur des dizaines d'exécutions sommaires commises dans les environs juste après la capture de Kadhafi et de ses lieutenants. Ancien conseiller à la sécurité de son père, Moatassem Kadhafi, embarqué par les miliciens à Misrata, sera, lui aussi, abattu.

Les images de l'ex-dictateur ensanglanté font le tour du monde dans la journée du 20 octobre 2011. L'OTAN annonce aussitôt publiquement que les informations sur la présence de Kadhafi dans le convoi ciblé ne lui sont parvenues qu'après le raid aérien, de la part de «sources ouvertes» et de services de renseignement «alliés». La nationalité de l'avion ayant tiré la salve n'est pas précisée. À Paris, les états-majors militaires et l'Élysée n'en disent pas plus. La participation d'un chasseur français ne sera confirmée que plus tard, dans les milieux initiés. Le général Didier Castres, chef du Centre de planification et de conduite des opérations (CPCO), situé dans les sous-sols de l'état-major des armées, boulevard Saint-Germain, sait que le drone américain et le Mirage 2000-D ont frappé, mais il expliquera n'avoir pas fait le rapprochement avec la capture de Kadhafi, qu'il aurait apprise par d'autres voies.

En réalité, les services de renseignement de la coalition, principalement américains, britanniques et français, surveillaient de près tout ce qui bougeait à Syrte. La cité côtière constituait l'un des derniers bastions kadhafistes résistant encore aux assauts des rebelles du Conseil national de transition (CNT), qui avaient pris le pouvoir à Tripoli. Depuis la mi-octobre, ils savaient probablement que Kadhafi et son fils Moatassem se trouvaient sur place, réfugiés dans le « District Deux » de la ville.

Des écoutes téléphoniques auraient permis de le localiser. Discrètement déployés, des commandos de forces spéciales américaines et françaises apportaient leur aide aux rebelles. L'objectif était de traquer l'ex-dictateur et ses proches. « Il n'y a pas eu de consigne formelle donnée par Sarkozy pour l'éliminer, confie un expert militaire fin connaisseur des opérations spéciales. Mais peut-être que tout le monde s'est compris. » Un proche de l'ancien leader libyen avance sa version de l'issue finale : « Les Américains et les Français l'ont trouvé grâce au téléphone. Ils lui ont fait miroiter qu'il pourrait quitter Syrte indemne. Ils l'ont piégé »

Assiégés, contraints de changer de cachette tous les quatre ou cinq jours, Kadhafi et sa garde rapprochée étaient aux abois. «Nous n'avions plus de nourriture, plus d'eau, pas de médicaments, pas d'électricité, pas de communications, raconteront certains de ses fidèles. Nous pouvions seulement utiliser un téléphone satellitaire Thuraya. Kadhafi était de plus en plus en colère.» Selon Le Canard enchaîné, dans l'après-midi du 19 octobre, un responsable du Pentagone a joint l'un de ses correspondants au sein des services secrets français : il lui a indiqué qu'il était impossible de «manquer» Kadhafi dans son fief de Syrte, et que le laisser en vie serait l'équivalent d'une « bombe atomique», vu les foucades dont il était capable et les secrets qu'il détenait. Un message très bien reçu par Paris, où, après avoir été accueilli avec faste en 2007, Kadhafi est désormais considéré comme sulfureux.

Le 19 octobre, Moatassem a conseillé à son père de tenter une évacuation nocturne. Initialement prévue à 4 heures du matin, elle n'a eu lieu qu'à 8 heures à cause du retard causé par l'embarquement des blessés dans les voitures. En l'absence de preuves formelles, il est difficile d'affirmer que l'OTAN savait que Kadhafi était dans le convoi quand elle a déclenché ses raids aériens. Mais, visiblement alertée, la flotte des drones et des avions de chasse veillait non loin de là. Cette sortie matinale d'un convoi surarmé de soixante-quinze voitures pouvait difficilement passer inaperçue. Il était plus que probable que le leader libyen en fuite s'y trouvait. La frappe de l'OTAN n'ayant pas suffi, les miliciens accourus sur place ont, semble-t-il, achevé le dictateur déchu.

Lorsque le journal italien Corriere della Sera affirmera en 2012, sur la foi de témoignages non étayés, qu'un agent français infiltré parmi les rebelles aurait exécuté Kadhafi après sa capture, le ministre de la Défense, Gérard Longuet, réagira fermement, évoquant une hypothèse « totalement farfelue». Un démenti peu surprenant, mais le ministre ne parlera pas de la frappe délibérément meurtrière du Mirage 2000-D, restée confidentielle.

Commandos clandestins

Depuis la chute de Tripoli, l'appui aux insurgés des spécialistes militaires et des hommes du Commandement des opérations spéciales (Cos) n'a pas cessé. Avant d'accompagner la progression des rebelles jusqu'à Syrte, ces conseillers étaient déjà quasi en première ligne, dans l'enceinte de la raffinerie de Zuwaytinah qui abrite le PC du front Est. Ecoutes, photos aériennes montrant les positions de Kadhafi, coordination des moyens : les officiers français servent de courroie de transmission entre la rébellion et les forces de l'Otan.

Mais c'est sur le front de l'Ouest que Paris a misé pour atteindre Tripoli, beaucoup plus proche. Forces spéciales, mais aussi commando clandestin du service action de la DGSE, portent leurs efforts sur les groupes rebelles du djebel Nefoussa en parachutant des armes et des moyens de communication. Dès qu'une piste de fortune est ouverte, les gros-porteurs français effectuent des «posers d'assaut» pour livrer des munitions et amener des spécialistes. Kalachnikovs, RPG-7, radios, téléphones satellitaires sont fournis par le Qatar et les Emirats arabes unis, mais acheminés par les Français. Ceux-ci entraînent, dans le djebel, de petits groupes qui se révéleront efficaces lors de la prise de Tripoli.

Ce sont aussi les spécialistes français qui assurent l'acheminement par mer d'un renfort de plusieurs centaines de rebelles de Misrata à un petit port de la capitale. Le Qatar fournit par ailleurs aux rebelles des missiles Milan de fabrication française avec des modes d'emploi en arabe.

Instructeurs français et du Golfe forment à la va-vite plusieurs insurgés à tirer ces projectiles très performants à 2 000 mètres. Comme sur le front Est, des JTAC (Joint Terminal Attack Controllers [contrôleurs tactiques air-sol] dans le jargon de l'Otan) français et britanniques permettent aux avions de la coalition, qu'ils guident depuis le sol, de détruire les cibles qui menacent la progression des rebelles.

De la base de Sigonella, en Sicile, des Rafale effectuent toujours des missions de reconnaissance au-dessus de la Libye. Grâce à leurs Pod NC, ils peuvent identifier des objectifs au mètre près. Des renseignements complétés par les images de deux Atlantique 2, capables de déceler des mouvements dans le désert. Un drone Harfang complète depuis peu ce dispositif d'observation qui concourt à la traque de Kadhafi. Cortèges de voitures, rassemblements humains dissimulés derrière des murs d'enceinte, déplacements de véhicules en dehors des routes bitumées sont suivis depuis le ciel par les appareils français.

Daech en Libye

Le ministère de la Défense et l'Etat-major des armées poussent à la roue pour une nouvelle intervention militaire avec les alliés occidentaux et arabes. Contrairement à 2011, ce n'est plus un dictateur qu'il s'agit de faire tomber : l'objectif est de «taper» les miliciens de Daech, qui s'installent dans le pays en profitant du vide politique créé, en partie, par notre précédente opération. Ils seraient aujourd'hui de l'ordre de 3000, surtout dans la région de Syrte. Dans les milieux diplomatiques et du renseignement, on redoute en effet que la Libye ne devienne le lieu de repli de Daech, confronté à une forte pression militaire en Irak et Syrie. «Daech n'est pas un projet territorialement limité. Il peut avoir besoin d'une base de recueil , indique-t-on au Quai d'Orsay.

Depuis septembre 2014 au moins, Jean-Yves Le Drian n'a eu de cesse d'alerter quant à la dégradation de la situation en Libye, plaidant mezzo voce pour des frappes aériennes et des opérations spéciales, dans le cadre d'un accord politique et diplomatique. Les Affaires étrangères étaient, jusqu'à présent, parvenues à freiner les ardeurs guerrières de l'Hôtel de Brienne, en invoquant le droit international, mais les attentats du 13 novembre ont changé la donne.

François Hollande l'a dit : «La France est en guerre» contre Daech. Si l'on frappe l'Organisation de l'Etat islamique en Irak et en Syrie, pourquoi s'interdire de le faire en Libye ? Les réticences du Quai sont en train de voler en éclats, d'autant, que les diplomates français «*sont à l'Ouest, faute de présence sur le terrain depuis l'évacuation de l'ambassade à Tripoli.*»

La communauté internationale cherche une base légale pour lutter contre le terrorisme en coordination avec les autorités libyennes. Toute la difficulté vient de l'absence d' autorités libyennes. Ou plutôt de leur surabondance, parce que le pays a deux Parlements et deux gouvernements, sans compter une multitude de milices et forces locales qui n'obéissent qu'à elles-mêmes.

A l'invitation des Etats-Unis et de l'Italie, la communauté internationale s'est réunie à Rome pour mettre la pression sur les acteurs libyens et les convaincre de former un gouvernement d'union nationale. Si ce projet aboutit, ce nouveau gouvernement, légitimé par la communauté internationale, lancerait un appel à l'aide militaire pour combattre le terrorisme. Une résolution des Nations Unies, prévoyant le recours à la force (chapitre VII), donnerait un cadre légal aux opérations militaires contre Daech.

Morts en service commandé

Le ministère de la défense a annoncé, mercredi 20 juillet 2016, que trois militaires français avaient été tués en «service commandé» en Libye. Le ministre de la défense, Jean-Yves Le Drian, a salué «*le courage et le dévouement de ces militaires engagés au service de la France, qui accomplissent, tous les jours, des missions dangereuses contre le terrorisme* ».

Le gouvernement libyen d'union nationale a accusé Paris de «violation» de son territoire. Rien ne «justifie une intervention» sans que le pouvoir libyen en soit informé, a déclaré le GNA dans un message sur son compte Facebook. Le GNA s'est dit «*mécontent de l'annonce du gouvernement français concernant la présence française dans l'est de la Libye*».

Les trois sous-officiers, membres du Service Action de la DGSE, selon une source française haut placée, sont morts dans un «accident d'hélicoptère» en Libye, a déclaré mercredi matin François Hollande. La France mène *«des opérations périlleuses de renseignement»*, a-t-il ajouté, après l'annonce de la mort de ces trois soldats par le ministère de la défense.

«La Libye connaît également une instabilité dangereuse. C'est à quelques centaines de kilomètres seulement des côtes européennes. (...) Trois de nos soldats qui étaient justement dans ces opérations viennent de perdre la vie dans le cadre d'un accident d'hélicoptère. Je leur rends hommage aujourd'hui devant vous», a déclaré le chef de l'Etat depuis le Centre national d'entraînement des forces de gendarmerie de Saint-Astier (Dordogne).

Les militaires auraient été tués dimanche 17 juillet 2016 près de Benghazi, quand une milice qui se fait appeler « brigade de défense de Benghazi », une milice islamiste, a annoncé avoir abattu l'hélicoptère dans lequel les militaires se trouvaient.

La Chambre des opérations pour la libération d'Ajdabya, un groupe armé lié à la Brigade de défense de Benghazi, avait affirmé, dès dimanche, avoir abattu l'appareil et a mis en ligne lundi, sur les réseaux sociaux, des images du crash, en évoquant la présence à bord de deux Français, un Jordanien et un Libyen.

L'appareil filmé, un hélicoptère d'attaque de fabrication russe, appartient aux forces du général Khalifa Haftar, les seules à en disposer dans ce secteur. Ce que confirment une source officielle française et un officier proche du général Haftar joints par Le Monde. En revanche, si la première évoque un crash, *« au regard des images de l'hélicoptère, certainement causé par un tir de SA-7 (missile sol-air)»*, la seconde assure: *«Notre hélicoptère a eu une panne technique. Il y avait à bord trois Français qui viennent pour nous aider avec des renseignements sur les djihadistes et trois soldats de l'armée libyenne.»*

Cet incident confirme en tout cas la très discrète coopération militaire occidentale avec les forces dirigées par Khalifa Haftar, à la tête d'une coalition anti-islamiste qui s'oppose aux milices islamistes et djihadistes dans l'est du pays ainsi qu'au gouvernement d'union nationale, installé à

Tripoli. Bien qu'officiellement la communauté internationale ne reconnaisse que le gouvernement d'union nationale, «*depuis environ six mois, des soldats sont avec les forces du général Haftar pour y effectuer du renseignement de proximité, précise la source française précédemment citée. L'objectif est de comprendre ce qui se passe sur le terrain et de réduire l'Etat islamique et ses alliés à Benghazi et Derna. Ils sont au plus près du théâtre des opérations, mais ils ne participent pas aux combats.* »

«*L'Armée nationale libyenne (ANL) commandée par Haftar est l'embryon le plus sérieux de la future armée réunifiée. Il est normal de commencer à la cultiver*», ajoute une source militaire française. *Nous n'étions ni les seuls ni les premiers à arriver à Benghazi. Les Américains étaient là avant nous* ».

Enfin, ce contact conteste l'idée que seule la présence française explique les soudaines percées militaires en février de Haftar à Benghazi contre les fiefs islamistes de Benghazi. Des percées qui ont contribué à durcir l'attitude d'obstruction de Haftar à l'égard du gouvernement d'union nationale de Faïez Sarraj (qu'il refuse de reconnaître). Selon cette source, ces avancées militaires s'expliquent aussi par un actif soutien militaire de l'Egypte et des Emirats arabes unis.

En fait, les Français ne sont pas les seuls Occidentaux à aider le général Haftar contre les réseaux djihadistes de la métropole de l'Est libyen. Le Washington Post avait révélé, le 12 mai 2016, que les forces spéciales américaines étaient également présentes à Benghazi. Tout comme elles opèrent à Misrata dans l'ouest de la Libye, une région dominée par les factions anti-Haftar. Là, elles ont été rejointes par des éléments britanniques pour aider la coalition de milices de l'Ouest, ralliées au gouvernement de M. Sarraj, dans leur offensive déclenchée le 12 mai contre Syrte (225 km à l'est), où l'EI a établi sa place forte en Afrique du Nord.

Une quinzaine de membres de forces spéciales britanniques et américaines sont à l'œuvre pour «aider dans la surveillance et l'identification des cibles», avait confié à la mi-juin au Monde Mohamed - Al-Gasri, le porte-parole de l'offensive anti-EI, dont le quartier général est à Misrata. Les forces américano-britanniques jouent notamment un rôle important dans la destruction des voitures suicide fonçant vers les forces assaillantes qui font le siège de la ville.

En étant déployées à Misrata comme à Benghazi, les forces spéciales occidentales contribuent à n'en pas douter à saper le potentiel de l'EI dans ces zones. Mais elles consolident simultanément deux blocs rivaux (les milices de l'ouest gravitant autour de Misrata d'un côté, les forces du général Haftar à l'est de l'autre) qui, une fois la menace de l'EI affaiblie, risquent de reprendre un combat qui les avait déjà opposés il y a deux ans. Soit précisément l'objectif inverse à celui recherché par le processus des Nations unies engagé au Maroc fin décembre 2015.

www.ingramcontent.com/pod-product-compliance
Lightning Source LLC
Chambersburg PA
CBHW072018280526
45788CB00007B/2595